Mañana en mi casa

Javier Ibarrola

Mañana en mi casa

María Nieves Gómez González
Primer premio

33 1/3

Ander Romay Marcos
Segundo premio

Mañana en mi casa

Silvia García Martínez
Tercer premio

Bizkaia
foru aldundia
diputación foral

© Javier Ibarrola Altuna, 2025
© María Nieves Gómez González
© Ander Romay Marcos
© Silvia García Martínez
© Diputación Foral de Bizkaia

Edición: Diputación Foral de Bizkaia
          Departamento de Euskera, Cultura y Deporte

Primera edición: Diciembre 2025

Portada: Mikel Apodaka
Diseño: Álex Oviedo

ISBN: 978-84-7752-768-8
DL: BI 01583-2025

www.bizkaia.eus/argitalpenak

XVII PREMIO LITERARIO BIZKAIDATZ 2025 «ESTA HISTORIA LA ESCRIBES TÚ JARRAITZEKO PREST? ORAIN ZURE TXANDA DA»

En la decimoséptima edición del Premio Literario BizkaIdatz, en su modalidad de relatos en castellano, con un Tribunal calificador formado por Javier Ibarrola Altuna, Vanesa Lara Costa y Enrique Martínez-Inchausti Portu, decide premiar, como continuación del relato titulado "MAÑANA EN MI CASA" del escritor Javier Ibarrola Altuna, a las siguientes obras:

Primer premio, al relato literario titulado
"MAÑANA EN MI CASA",
escrito por **MARÍA NIEVES GÓMEZ GONZÁLEZ**.

Segundo premio, al relato literario titulado
"33 1/3",
escrito por **ANDER ROMAY MARCOS**.

Tercer premio, al relato literario titulado
"MAÑANA EN MI CASA",
escrito por **SILVIA GARCÍA MARTÍNEZ**.

Y para ello firman en Bilbao, a 23 de octubre de 2025.

ÍNDICE

Mañana en mi casa

Javier Ibarrola

JAVIER IBARROLA (Barakaldo, 1962). Arquitecto y escritor. Publicó *Pound*, su primera novela en la editorial Menoscuarto en 2018.

C omo cada día, regresaba a casa después del trabajo. No sé caminar sin mirar a la gente y eso me impide disfrutar de los pensamientos profundos de algunas personas mientras andan cabizbajas, concentradas en los dibujos de la acera. Las envidio, porque mis ocurrencias carecen de gravedad. Siempre hay quien devuelve la mirada para ver a un hombre solo y ordinario, inexpresivo, más o menos vulgar.

La calle olía a especias y a tabaco, al perfume dulce y un poco empalagoso de mujeres sentadas en cualquier terraza, al aroma de la noche, al aire frío de finales de diciembre. Acostumbro a hacer el mismo recorrido, acompañado por el ruido cansado y abstraído de la ciudad, por los escaparates donde entonces parpadeaban luces tristes y adornos baratos de Navidad.

Había comprado dos botellas del vino que le gustaba a ella. Al día siguiente, antes de la cita, compraría algún embutido, quizás una ración de ensaladilla, aunque eso requeriría de servilletas y no tenía ninguna. Uso papel de cocina.

Me preocupaba la impresión que le causaría. No tengo edad para defraudar.

Mi calle estaba oscura a esa hora. Llegué al portal, y mientras buscaba las llaves en el bolsillo habitual, en el que casi nunca están, repasé el estado del portero automático, viejo y deslucido. Al menos el botón del tercero izquierda parecía limpio. Solo lo pulsan los mensajeros para entregar el fruto de mis horas muertas en Internet. La lámpara de la cancela lucía tuerta con una bombilla fundida, la puerta del ascensor, rayada; el olor a madera antigua y húmeda de la escalera, el felpudo aséptico de mi casa y el ordinario del vecino, con unas suelas de zapato impresas. Siempre me he preguntado dónde le vio la gracia cuando lo compró.

Recogí las cartas del buzón y, cuando lo cerré, me arrepentí de no haber sustituido la placa con mi nombre y el de Isabel.

Coincidimos en la presentación de la última novela de un autor cuyo mayor éxito era mantener a través de los años un escéptico y permanente gesto de desidia, *ad hoc* con el tono de sus obras. Asistí por compromiso, para sumar un miembro más al evento organizado en la librería de Isabel. Reparé en que una mujer me observaba desde la primera fila. Me avergonzó coincidir en la mirada y no me dio tiempo a reconocerla. Lo hice más tarde, ella atenta a las respuestas del novelista, y yo a su perfil, al dibujo de aquellos labios que una vez tanto había deseado. Hacía años que no la veía. No hubo nada entre nosotros, en realidad, no lo ha habido con ninguna mujer, excluyendo el daño que sin duda le hice a Isabel. Compré el libro, no porque me interesara, sino para acercarme a ella, que esperaba en fila la firma del autor. Charlamos, y como Isabel se afanaba en agasajar a los asistentes, le propuse tomar algo en el bar de la esquina.

Le hubiera contado con ganas lo irritante y frustrante que era y es mi vida, el aburrimiento mortal que la anega, los placeres imposibles de la soledad; pero le mentí con anécdotas de mi excitante trabajo, con los viajes y planes que hacía con amigos y amigas, con la ilusión que despertaba en mí el mundo, en fin, con los años que vivía con desgarro.

Mientras hablaba me fijaba en sus rasgos, en la decadencia de su expresión, aquellos pliegues tan graciosos que cuando reía le surgían en el extremo de sus ojos y que ahora se habían convertido en arrugas indelebles, en el volumen atenuado de su labio superior, aún apetecible, en el brillo apagado de su mirada.

Me interrumpió para decirme que había regresado a Bilbao tras una larga enfermedad. ¡Había sido tan patética mi actitud! Descubrí mi cara en el espejo del bar, atravesada con una estúpida sonrisa. Por suerte, la había superado y se encontraba bien. Intenté recuperar la dignidad y, aún no me explico por qué, le pedí que cenara en mi casa al día siguiente. Ella no supo o no pudo negarse a mi inesperada y abrupta propuesta, quizá por educación, quizá por simular que no había sido fruto de la condescendencia.

Te espero mañana, fue lo último que le dije al despedirnos, tras juntar nuestras caras, como hacen los viejos, chocando la montura de las gafas.

Mi casa no tiene nada que ver con el portal y la escalera. De entrada, huele bien. Dejé las cartas sobre la mesa del vestíbulo. Eran anuncios comerciales, salvo una, la de la mutua con el resultado de los análisis médicos de la empresa. No me apeteció abrirla, soy muy aprensivo. Con cierto remordimiento, me preparé una cena sencilla, manzana, huevo cocido y un yogur, aunque después de engullirla, me endilgué a palo seco una docena de galletas; lavé el plato y me arrojé al sofá con John Cheever, con sus diarios, quiero decir.

Por la noche, las cosas simulan estar más inmóviles que durante el día. Es una tontería, pero siempre he creído que los muebles, libros y fotografías enmarcadas en las baldas de la librería, la televisión apagada, o los cuadros, te interrogan, nos observan en ese silencio sordo de las horas oscuras.

Pero al día siguiente serían mis aliados. En veinticuatro horas ella nos juzgaría como a un único reo pendiente de sentencia, así que los miré como si fuera la primera vez. La impresión fue buena. El visitante a una casa simula una indiferencia absoluta mientras asimila cuanto ve, premeditadamente distraído, en fracciones de segundo, sin posar apenas la mirada.

Estaba tendido en el sofá con la cabeza recostada y la vista fija en el techo, en la cornisa que fue mi única y caprichosa aportación a la decoración que Isabel dirigió hacía ya veinte años. Habíamos comprado unos grabados en un mercado de viejo de Londres, y en uno de ellos aparecía el entablamento de un palacio romano que se me antojó grandioso. Lo dibujé y amplié y se lo pasé al mejor escayolista de la ciudad para que lo reprodujera. Aquí está desde entonces, limitando el cielo de mi vida. Colgamos los grabados en la pared de la sala, de manera que se convirtió en costumbre que yo explicara a las visitas que la moldura que veían en el techo era la de aquel palacio romano. Creía que me daba un toque de distinción. Un extraño fogonazo me distrajo. Hasta ese momento no había reparado en la quebradiza fisura que cuarteaba la pintura. Pestañeé para comprobar que no era una ilusión, pero allí estaba, perfectamente trazada, con tantas ramificaciones como el dibujo de un árbol japonés. Fui al cuarto de baño con las tripas revueltas. Cuando volví no podía mirar a otro sitio. No entendía por qué le daba tanta importancia, a fin de cuentas las fisuras en superficies ajenas me parecían el símbolo de una belleza decadente. Pero mi casa no lo era, al menos no lo había sido hasta ese preciso instante.

Me alarmé cuando reparé en que quizá mi piso no estaba tan bien como yo había creído. ¿Habría otras fisuras, azulejos partidos sin que hubiera reparado en ellos? La escayola debía de haberse quebrado en mi ausencia porque la fisura no estaba por la mañana.

La vanidad me impide usar gafas, aunque es obvio que

las necesito. Siempre he temido ese momento en que el astigmatismo o la hipermetropía permitan que los muebles se cubran de polvo, que la cerámica del lavabo y de la ducha se vuelva blanquecina por los depósitos de cal, dentífricos, cremas y tiempo, que en las esquinas de la encimera de la cocina se multipliquen las migas, que el lomo superior de los libros se tiña de gris o que una mano apoyada en cualquier mesa o accidentalmente en una balda imprima en ellas el brillo de sus dedos. Así que me puse las únicas gafas que utilizo, las del ordenador, y repasé como un histérico cada rincón de la casa. Para mi desesperación, el blanco de la librería no era tan claro como lo recordaba, las puertas originales de la vivienda, que con tanto cariño y respeto habíamos restaurado, tenían holguras y sus listones estaban desportillados, descubrí que en torno a los pomos de los armarios se extendían sombras oscuras cuando no pintura desprendida, que el borde de la alfombra de la sala se había deshilachado, que de las abotonaduras del sofá tapizado con capitoné brotaba pelusa ennegrecida. Me invadió el pánico. No sería capaz de solucionar tanto problema antes de la cita. Era como si hubieran transcurrido diez años en un segundo. Sé que las cosas y las personas no envejecemos de forma paulatina, que el deterioro no es una suave rampa por la que descendemos sino una escalera de abruptos peldaños, y era evidente que mi casa acababa de bajar uno de ellos en el mejor de los casos.

Recordé la carta de la mutua y me asaltó un extraño presentimiento. No era el mejor momento para abrirla.

MAÑANA EN MI CASA

María Nieves Gómez González
Primer premio

MARÍA NIEVES GÓMEZ GONZÁLEZ. Nacida en un pueblo de la Montaña Palentina en 1964, llegó a Bilbao con solo tres años. Estudió enfermería y desempeñó diversos trabajos.Hace dos años, decidió dejar atrás sus miedos y ver la vida como una oportunidad: la de hacer aquello que le gusta. Optó por la escritura, en concreto el relato. En 2024, obtuvo el Primer Premio en el Concurso "Cartas a la humanidad" y ese mismo año fue finalista en el Concurso "Relatos sobre la Soledad", organizado por Nagusilan.

P ero aún así, movido por la incongruencia natural que me suele acompañar y que se manifiesta normalmente en la diferencia entre lo que pienso y lo que hago, regresé al vestíbulo y de entre todas las cartas, tomé la que me interesaba con la intención de leerla.

La vibración del teléfono móvil que descansaba aún en el bolsillo interno de mi chaqueta, me sobresaltó. Miré la pantalla. Había un nuevo mensaje. Ella, la remitente. Recordé que en un momento de nuestra conversación en el bar, tras la invitación a cenar, le había pedido su número de teléfono para enviarle la ubicación exacta de mi domicilio y también para que ella tuviera el mío e intentar restablecer y mantener el contacto perdido. Aunque nunca se sabe, pensar en retomar nuestra antigua amistad se me hacía complicado.

El mensaje que recibí era extenso, compuesto por breves pinceladas de pensamientos plasmados en frases cortas, en cuya lectura me sumergí con interés. Decía así:

"Aún estoy sorprendida por la coincidencia de esta tarde. Coincidencia grata, eso sí, pues me ha gustado volver a verte. Dime qué quieres que lleve mañana para la cena. No me atrae la idea de llegar a tu casa con las manos vacías. Comprobarás que sigo siendo la misma detallista de siempre. Contigo en su momento, lo fui. ¿Lo recuerdas aún? Lo cierto es que nuestra esencia, para bien o para mal, no suele cambiar".

Como la pantalla del teléfono indicaba que seguía escribiendo, esperé a que terminara para contestar. Yo que soy de aliento breve y de escrito corto, pensaba responder con una frase de agradecimiento, añadir por cumplir y debido a su insistencia alguna sugerencia sobre su aportación a la cena, y terminar con un educado buenas noches de despedida.

Pero antes de que pudiera hacerlo, recibí el siguiente texto más largo aún que el anterior que, lejos de perderme en elucubraciones a las que soy muy dado, me apresuré a leer:

"Si me hubieran dicho que te iba a encontrar esta tarde en la librería, posiblemente no hubiera asistido a la presentación de la novela, convencida como siempre he estado de que volver a verte no sería bueno para mí. Pero ya ves cómo juega el destino con nosotros. Aquí estamos de nuevo. Tú y yo, como si nunca, como si nada, como si aquel entonces... Voy a serte muy sincera: al regresar a Bilbao me acordé de ti. Mejor, me acordé de ti y de mí, y quise convencerme de que la añoran-

za era consecuencia de mi enfermedad que, entre otras cosas, me había convertido en una nostálgica. Luego decidí, quizás para consolarme, que lo que extrañaba verdaderamente eran aquellos años de juventud y libertad, de ilusiones y ganas de comernos el mundo juntos. Pero después de verte, de volver a escuchar tu voz, reconocerte en el hombre maduro en el que te has convertido y sentirte cerca, he llegado a una conclusión que no es nueva para mí: lo que más me ha pesado siempre ha sido tu recuerdo. Tu recuerdo y tu ausencia, porque aunque nunca lo supiste, esa forma tan tuya de faltarme, siempre fue demasiado grande, demasiado triste. Especialmente vacía y fría. Contigo me sentí raramente humillada, como quien persigue a alguien que no quiere saber nada del otro, y lo hace girando a su alrededor, mientras ese alguien, en este caso tú, camina delante sin ser consciente ni siquiera de su presencia. La vida nos ha llevado por caminos distintos y muy distantes. Qué curioso que esos caminos vuelvan a juntarse aquí, en nuestro querido Bilbao y así, de manera tan casual. No he estado muy habladora esta tarde. Quizás mis pensamientos giraban tan deprisa que mis palabras no llegaban a alcanzarlos. Te prometo que mañana, en la cena, hablaré más."

Y a continuación aparecía un beso en forma de corazón saliendo de una carita redonda.

Seguía en línea, probablemente pendiente de mi respuesta. Más ¿qué podía decir yo? Me quedé mirando la pantalla. Solo pude escribir un hasta mañana y salir de la aplicación enfadado con esa parte de mí que siempre tiende a la cobardía y calla. No hice nada, no dije nada, no cambié nada de lo dicho por ella. No fue por falta de argumentos, sino por ese hueco que muchas veces me habita perdido entre el deseo y la acción. Me angustiaba imaginar qué estaría pensando y esperando ella de mí, justo al otro lado del teléfono.

Regresé al salón. En mis manos una carta. En mis pensamientos lo que hacía tiempo venía faltándole a mis días: el germen de una nueva ilusión, que en este caso tenía forma de mujer. Volvía a soñar y eso, para mí, suponía un triunfo. No me había dado cuenta hasta este momento, me dije, pero tal vez exista algo peor que los sueños perdidos y sea comprobar que, durante un largo tiempo de la vida, se ha perdido el deseo de soñar.

Yo, que presumo de mente científica y de criterio basado en lo racional, no daba crédito a lo que me estaba sucediendo. Solo había sido un reencuentro fortuito, una conversación banal en la que ni siquiera había estado acertado, pero tras recibir sus mensajes, no podía dejar de pensarla. Era ella, mirándome con aquella calidez que creía olvidada, con aquel gesto que decía: "me tienes aquí, aunque el resto del mundo no te escuche, yo sí".

Un poco cansado y tras desandar el camino hasta el salón, me tendí de nuevo en el sofá. Otra vez, mis ojos volvieron a posarse en aquella moldura del techo, que ahora con una nueva mirada, me pareció poco interesante y muy pretenciosa. Y me importaron poco o nada la fisura recién descubierta, la capa gris del polvo en algunos muebles o el amarillear de las estanterías, porque ya no quería verlas. Ante mí discurrían otras imágenes más llenas de vida, que al contrario a todo aquello que captaba mi mirada, no habían sufrido el deterioro del tiempo ni del uso, ni siquiera el de la distancia y el supuesto olvido. Eran las de una mujer joven y muy bella, tal como la conocí y tal como la recordaba, que, mirándome de frente, me hacía señas para regresar con ella veinticinco años atrás.

De pronto sentí cierta pesadez incómoda, aunque bastante conocida, en el fondo del estómago. Hacía un par de horas que había cenado de forma frugal, aunque he de reconocer que me había pasado con las galletas; por eso y antes de que la molestia fuera a más, recurrí a las pastillas que, auto recetadas, venía tomando desde hacía unos meses con bastante buen resultado, y quise combinar los efectos de la medicina tradicional con los de la herboristería más básica. Me dirigí a la cocina y puse en el hervidor un poco de agua para una infusión.

Al levantarme del sofá, la carta que reposaba en mis piernas cayó al suelo y yo no hice ni la más mínima intención de agacharme a recogerla. Pospondría su lectura para mañana. Se estaba haciendo tarde y, al contrario de cómo tiendo a organizarme con otras cosas, mantengo un ritmo muy ordenado con las horas de sueño y detesto trasnochar a no ser que surja, de forma muy excepcional, un buen motivo que lo justifique.

Un momento después tumbado en la cama, esperando con la luz encendida a que la química y la naturaleza hicieran efecto y tranquilizaran mi estómago y, por qué no, mis emociones, mis ojos recalaron en la pequeña cajonera que en uno de sus viajes a la India se le antojó a Isabel y que luego, al traerla a casa, nunca supimos darle un sitio, pues como si de un invitado que se cuela en una fiesta se tratara, parecía ajena a cualquier rincón donde la ubicáramos. Sobre ella descansaba una fotografía antigua en blanco y negro, o mejor en blanco y una característica pátina sepia que confesaba sin pudor los estragos que el paso del tiempo era capaz de causar, incluso en el papel. Una fotografía que siempre desagradó a Isabel, que solo por mi insistencia pude conservar y que finalmente encontró y compartió el mismo triste destierro y desubicación al que fue sometido el mueble. En ella aparecía yo y se me veía feliz. Aquello que nunca logré ser en mi matrimonio.

Vestía bata blanca con el logotipo de la empresa farmacéutica en la que trabajaba por aquel entonces bordado en el bolsillo superior, estaba sentado en el laboratorio delante de un microscopio, a todas luces hoy en día obsoleto, y sonreía con pudor a la cámara. No, no era a la cámara a quien le dirigía aquel gesto, ahora lo recordaba. La destinataria era ella, sentada frente a mí, provocándome para que riera. Mirándome con aquella ingenuidad y a la vez, con la seguridad de quien se sabe bella y puede conseguir lo que se proponga, y desconociendo a la vez, o al menos eso creo, el potente magnetismo que emitía hacia mí. Porque no era solo su belleza externa lo que me atraía, sino un algo más absoluto y recóndito. Algo que se hallaba en su interior y se me hacía difícil descifrar. Y es que teniendo en cuenta cómo era yo por entonces, tan inexpresivo y tímido, sentía que solo podía mirarla de lejos, como quien mira el cielo un momento antes de una tormenta. Sin embargo, eso no impedía que inventara para ella palabras que finalmente no decía o que imaginara besos que algún día pudieran rozar su piel, pero que nunca llegaba a darle. Porque yo me perdía analizándolo todo, mientras ella solo vivía. Vivía y sentía y eso era lo más importante. Resultaba curioso que sin tener nada en común el uno con el otro nos hubiésemos encontrado, formando, contra todo pronóstico, aquel nosotros tan especial.

Y yo, ¿por qué la borré a ella de la fotografía de mi vida? ¿Por qué la olvidé tan fácil? Podría parecer una pregunta retórica, mas no lo era. Lo que me sorprendió fue la sinceridad con la que abordé la respuesta. Tanto, que esa respuesta parecía haber estado esperando el momento justo para aparecer, como si tuviera vida propia y sentimientos que, aun siendo los míos, yo había creído olvidar. Me dije que no fue porque no la hubiese amado, al contrario, todo fue precisamente porque la quise. La borré junto con el amor que sentí por ella. Fue un amor real pero nunca confesado, de los que por miedo al rechazo callas y disfrazas de amistad. Y más de veinte años después, en la soledad de mi casa, empezaba a vislumbrar que quizás, solo digo quizás por ser prudente, ella también había estado enamorada de mí.

Buscando postura que me hiciera más fácil conciliar el sueño y desconectarme hasta mañana de aquellos pensamientos, apagué la luz y giré mi cuerpo hacia la ventana. Ya no me hacía daño el espacio que había dejado vacío Isabel, al contrario, me había acostumbrado fácilmente al hecho de tener toda la cama para mí y lo vivía como uno de los pequeños placeres añadidos a mi nuevo, y recién empezado a disfrutar, estado célibe. No había bajado la persiana, pesaba demasiado y alguna de sus lamas rozaba en el carril y solía trabarse. Me gustaba ver la luz ambarina de las farolas mezclada con la intermitencia del tono azul que pintaba de Navidad las calles, y también algún que otro fogonazo rápido proveniente de los faros de los coches más trasnochadores, que aún a esas horas seguían circulando por el centro de una ciudad como Bilbao, que nunca duerme del todo.

Aquella claridad artificial me permitió hacer un repaso del amplio espacio que ocupaba mi cuarto, que después del salón era la habitación más grande de la casa. Caí en la cuenta de que, desde que se fuera Isabel, había perdido la esencia de un dormitorio y se estaba transformando en un pequeño despacho o casi almacén, por llamarlo de alguna manera. En el escritorio que siempre sirvió para colocar diversos objetos extraños de decoración, a poder ser traídos de muy lejos, además de la colección de revistas de viajes, no cabía ahora un archivador más, repleto de informes y estudios científicos y médicos, así como un buen número de carpetas con apuntes y material de estudio utilizado en mis clases. También estaban mi ordenador portátil, mi *tablet* y los cables de los cargadores de ambos. Una mullida silla con ruedas giratorias y respaldo anatómico servía de asiento a varios paquetes aún sin abrir, que me habían llegado por mensajería a lo largo de la semana. Mañana los abriría. ¿Estaría dejando demasiadas cosas pendientes para mañana?

Varias veces me sobresalté durante la noche llegando a despertarme. También en dos ocasiones, quizás por los nervios, tuve que levantarme al baño, así que, cuando sonó la alarma del radioreloj a las cinco y cuarto de la madrugada, me encontró profundamente dormido, bien tapado y girado sobre mi costado izquierdo. Mantengo desde hace muchos años la teoría de que es la posición más saludable para el descanso del cuerpo. Los días que despierto así, me levanto más enérgico e incluso presiento que el día irá bien.

Llegué al Parque Científico de la UPV a mi hora habitual, la justa para tomar un café y fichar en el Instituto Biofisika donde trabajo, quince minutos antes de las siete de la mañana, que es mi hora de entrada. No soy de ir con prisas a ninguna parte, mucho menos al trabajo. Tal vez, debería preguntarme si donde nunca llegué a tiempo fue a mis sueños.

Me gusta mi profesión, hasta por demás, para qué mentir, es de las pocas cosas con las que me siento vivo. Tanto es así que no voy desencaminado si me afirmo conocedor de haber sacrificado una fracción importante de mi vida por ella; la más personal e íntima, la que finalmente nos define como personas y habita dormida en el fondo de nuestra esencia, buscando la manera de encontrarnos, esperando paciente para manifestarse y dejarnos ser. ¿Alguien podía decirme qué había sido yo además de investigador médico y profesor? Lo curioso era que, hasta este instante, ni siquiera yo tenía interés en planteármelo.

El hecho de haber formado parte y dirigir múltiples estudios médicos con excelentes resultados para los avances de la salud me hizo creer que con eso se explicaba el propósito de una existencia como la mía, gris y plana, sin apenas sobresaltos ni vínculos afectivos, que transcurría sumida en un deambular lento y hasta cómodo, pero que nunca me había conducido a donde verdaderamente me hubiera gustado estar para poder ser feliz.

Actualmente, llevaba varios meses inmerso en un estudio realmente interesante sobre la Biología estructural de las interacciones virus-huésped, utilizando lo último en microscopía crioelectrónica. Un verdadero reto que, de llegar a ciertas conclusiones que ya se vislumbraban, iba a suponer un avance muy valioso para el tratamiento de algunos virus, especialmente de aquellos que siguen representando un riesgo actual para la salud pública. Y en eso y con gran dedicación, invertía mi tiempo, mis esfuerzos. Toda mi energía.

Trabajaba también tres tardes a la semana, impartiendo clases de Laboratorio Clínico y Biomédico, como profesor titular en la Escuela Politécnica de los Jesuitas de Bilbao. A nivel personal me sentía privilegiado, pues el trato con los alumnos era grato y vivía como un reto la responsabilidad que implicaba su formación. Además, la cercanía entre mi casa y la escuela me permitía disfrutar, no solo del sano paseo a pie de ida y vuelta, sino también de las reflexiones que solían asaltarme, entre calles y gentes, entre luces y sombras.

Qué diferente mi rutina a la sarta de tonterías, que, con el objetivo de esconder la realidad, me inventé sobre la marcha, cual improvisado y patético monologuista, ayer tarde en el bar, con aquel café compartido a modo de pretexto para ver sonreír de cerca a la única mujer que, años atrás, había sido capaz de traer, aunque de manera breve, un poco de ilusión y color a mi ya desde entonces anodina vida. Recordar mi comportamiento me avergonzaba.

Aunque no suelo aplicar estrategias en mi vida personal, apoyado en la ventana de mi despacho viendo el ir y venir de los estudiantes en el campus, decidí que esta noche le dejaría hablar a ella. Además de ser un planteamiento más acorde con mi carácter, que nunca ha destacado por su elocuencia o ingenio con las palabras, me permitiría atisbar entre anécdotas y risas, entre historias reales y recuerdos distorsionados por el paso del tiempo, cómo habían trascurrido para ella aquellos años, que eran casi una vida, para después confesarle, siendo sincero, lo que yo extrañaba en los míos, lo que empezaba a comprender que quería añadir al tiempo que tenía por delante y se me estaba haciendo urgente disfrutar

Aún con la mirada perdida, esta vez dejándola vagar por la zona boscosa con la que se mimetizaba el verde de las instalaciones de Biofisika, hice una lista de tareas pendientes a realizar una vez acabara mi jornada laboral. Lejos de crearme ansiedad, me permitía ver el día desde otra perspectiva más halagüeña de lo que era común. Tenía un plan que me gustaba. Era con una mujer que me gustaba aún más. No podía faltar ningún detalle. Yo también a mi manera soy detallista. Desde luego hoy pretendía serlo un poco más aún.

Se me encendió una lucecita de pronto en la cabeza, y era roja. Aunque no cambió mi estado de ánimo, me devolvió a la realidad de lo cotidiano. Aún no había abierto la carta de la Mutua con los resultados médicos que me llegaron ayer, a pesar de que me preocupaban. Muchas veces no soy valiente y ésta era una de ellas. He llegado a pensar que me dedico a la investigación médica intentado curar enfermedades, para de esta manera curarme de un miedo patológico a enfermar. Un miedo que me finalmente desconozco si tendrá cura.

Recordé también que, la noche pasada, la carta quedó tirada sobre la alfombra del salón, curiosamente en la esquina donde había visto con sorpresa que ésta estaba empezando a deslucirse y deshilacharse, debajo de mis pies. La recogería al llegar. ¿La leería finalmente?

Cuando pude concentrarme en mi trabajo, con menos intensidad que otros días, la mañana se hizo productiva y pasó rápida. Fiché con ganas y ya en el coche me incorporé a la Autovía de la Avanzada, que a esas horas suele estar colapsada de vehículos. Encontré un tráfico bastante fluido y lo interpreté como una señal a todas luces muy positiva.

Fui tachando de mi lista de tareas pendientes las que iba completando. Primero hice las compras en un hipermercado cercano donde también me detuve a comer algo rápido. De esta manera, podría llegar a casa sin tener que preocuparme por preparar comida.

Dejé volar la imaginación. No recordaba haber hecho nunca una compra con más mimo, con más gusto y satisfacción. Elegí todo pensando en ella y, por eso, todo me pareció poco. Qué bonito le sienta a uno ser detallista, como si el corazón recuperara una dulzura perdida y con ella se sintiera capaz de crear lugares hermosos, para uno mismo y para los demás. Cargué las bolsas en el coche y, ahora sí, no volví a parar hasta llegar al *parking* de casa.

Estaba nervioso aunque tenía bajo control los preparativos de la cena y elegida la ropa que me pondría para la ocasión. Salí del cuarto de baño duchado, afeitado y sobre todo muy satisfecho. En los ojos del nuevo yo que apareció ante mí en el espejo, creí distinguir un brillo antiguo, oculto y quizás olvidado en algún lugar desde hacía tiempo.

Miré el reloj, podía descansar un poco. Hasta me pareció que el sofá me invitaba a ello. De súbito me topé con la carta. Había vuelto a olvidarla y ella, inmóvil, esperaba en el suelo desde anoche un poco de atención e interés por mi parte. La recogí con decisión y, sin mucho cuidado, tironeando del sobre la abrí, convencido de que hoy nada podría salir mal.

Pasé con prisa las dos primeras páginas del informe. Contenían mis datos personales, un resumen de mis antecedentes médicos y los valores de las constantes que me tomaron el día de la revisión. No quise entretenerme con ello y fui directo a buscar los resultados de las pruebas específicas pautadas por el médico y, en función de ellos, el posible y hasta temido diagnóstico que los acompañaría. Ahí radicaba lo importante y, a la vez, lo temido.

Pero, tras leer con atención, sentí cómo mis músculos, en tensión, comenzaban a relajarse. Todo estaba en orden, tal vez, un poco elevada la cifra engañosa del colesterol, a la que no di importancia. La ecografía de abdomen sin hallazgos, el electrocardiograma normal y, finalmente, lo que más me preocupaba a causa de ciertos síntomas recurrentes, una posible úlcera gástrica, también quedaba descartada. Todo parecía sonreírme. Me sentía feliz. Iba a ser una noche especial con doble celebración. La salud estaba asegurada. ¿Y el amor?

A las ocho y media en punto sonó el timbre, tres toques suaves, después silencio. Con el segundo de ellos ya estaba yo en la puerta, pero tardé en abrir para no manifestar en exceso mi urgencia por verla, aunque la espera, esta última hora, se había hecho eterna.

Volvimos a saludarnos con dos besos en las mejillas y de manera totalmente improvisada surgió un abrazo. Fue un abrazo largo, sentido, como si cada uno encajara su pecho en el del otro hasta prácticamente besarse con los corazones. Al separarnos percibí un brillo acuoso en sus ojos y una tristeza que sonreía en sus labios y no pude comprender.

Sin pronunciar palabra le hice pasar hasta el salón. Alabó el buen gusto en la decoración, el juego de luces que se colaba por el ventanal y el detalle con el que estaba preparada la mesa. Hizo algún comentario sobre el exceso de comida a la vez que me entregaba una pequeña bolsa con instrucciones de llevar con cuidado y guardar en la nevera. Era el postre que más le gustaba, me dijo, y no pregunté. Se lo agradecí con mi mejor sonrisa y la dejé sola el tiempo justo para llegar a la cocina y hacer lo que me había pedido. Era totalmente consciente de la dificultad que me suponía estar separado de ella.

Al volver al salón, la encontré sentada y sin apenas color en la cara. Le ofrecí algo de beber y rehusó. Era cosa de un momento que se sintiera mejor, me susurró casi sin voz. Pronto regresaron los tonos rosados a sus mejillas y las palabras a sus labios. Creo que hubo unos minutos que no escuché nada de lo que decía. Como buen ejemplar del género masculino que solo puede hacer una cosa a la vez, elegí mirarla. A buen seguro, si descifró mi expresión, tuvo que pensar que no estaba en mis cabales. Y no diría yo lo contrario.

La conversación nos fue encontrando. Había prometido que hoy estaría más habladora y lo estaba cumpliendo, con calma, con sinceridad, con ganas de mostrarse ante mí. Me contó que tenía un hijo y un cáncer. Al primero lo había querido siempre. Estaba empezando a llevarse bien con el segundo y esperaba llegar a quererlo algún día, pues tenían por delante, o al menos eso esperaba, un largo camino que recorrer juntos.

Entre bocado y bocado y pequeños sorbos de vino, supe que el motivo principal de su regreso a Bilbao había sido su divorcio, aunque había otros, me dijo un tanto misteriosa, pero estaba feliz de haberlo hecho. No entendí muy bien si la felicidad se la daba el divorcio o el haber vuelto. Pero qué importaba, si el caso era tenerla aquí.

No guardaba ningún rencor a su ex marido y se arrepentía de muy pocas cosas en la vida. Al contrario, atesoraba cada momento en que la vida le había sacudido o había tenido que cambiar la dirección de sus pasos para emprender, aún con los ojos cerrados, otros nuevos. También las pérdidas, los te quiero correspondidos o no, los besos que no dio y los que sí, los adioses, los regresos y las huídas. Todo lo guardaba cual tesoro en un pedacito de su alma, donde nadie más podía tocarlo y ella podía revivir cada vez que lo necesitara.

Me habló de las canciones que aún le hacían suspirar, de los regalos inesperados que tanto le gustaban, de los sueños realizados, porque de esos también tenía varios, de su singular sentido del humor y aquello que a pesar, o gracias a la vida, le hacía reír con ganas.

Yo no pude más que escucharla mientras crecía mi admiración y un sentimiento al que me costaba poner nombre, pero que, a pesar del tiempo pasado, no me era desconocido. Lo normal hubiera sido que yo tomara la palabra y fuera también desgranando detalles de mi vida. ¿Cómo hacerlo si ayer le hablé de una vida que no era la mía? Tenía miedo a que mal pensara de mí y me tomara por un fanfarrón, pues después de todo, era lo que merecía. Así que callé, pensando que iba a necesitar muchas cenas como aquella para estrenar un relato nuevo de mi vida, y que éste me acercara a ella. No iba a ser fácil estar a su altura.

La conversación continuó fluida, tranquila. Ella estaba animada y, aunque al principio dudé de su apetito, noté que finalmente disfrutaba cada sabor, textura y aroma de la cena. Comía despacio y sentí con satisfacción que nuestro ritmo al comer se acompasaba.

En un momento determinado juntó sus manos a modo de oración y entre risas me pidió el postre. Reservaba un hueco en su estómago para no privarse de la tarta Florentina que esperaba en la nevera. La había comprado en la "Pastelería Suiza", como manda la tradición, y nos recreamos en su chocolate, su crema pastelera y sus tejas de guirlache, por las que, en broma, llegamos a pelearnos. Comimos con buena gana, sonrientes y mirándonos a los ojos con complicidad. Incluso hubo un momento en que le tomé la mano. Ella no la retiró.

No sé si un poco por ese atrevimiento, o porque realmente se le hacía tarde, aunque le ofrecí tomar el café sentados cómodamente en el sofá, rehusó mi oferta, pues tenía que irse. No insistí, al contrario, le pedí un taxi y en diez minutos nos estábamos despidiendo.

Quedamos en vernos pronto. Me daba vergüenza decirle que mi deseo era verla al día siguiente, pero no quise parecer insistente, algo me decía que a ella también le estaba costando separarse de mí. Nos volvimos a abrazar. Esta vez, el abrazo aún fue más largo.

Oímos por segunda vez el claxon del taxi y, cuando ya salía por la puerta, se volvió hacia mí, dibujó en el aire con sus labios aquellas últimas palabras y me habló de amor. No me sorprendió, a mi modo de ver, sin nombrarlo, habíamos hablado de amor toda la velada. Incluso si el lenguaje usado había sido el silencio, sabíamos que callábamos con amor.

Se trataba de un último favor, me dijo, e insistió en que amara mucho, sin miedo a perder ni a equivocarme, porque estaba segura de que yo era esa persona especial con la que, en ese mismo instante, otra persona estaba soñando. No me dijo quién, tampoco creí necesario saberlo ni preguntarlo. Estaba emocionado y convencido de que hablaba de ella.

Le contesté con total seguridad que sí, que lo haría, mientras buscaba en mí aquel coraje que años atrás me hizo enterrar un deseo que nunca murió, para usarlo hoy y poder recobrar una vida que no fue vivida y así dejar de cargar la certeza de que algo me había faltado.

Cerré la puerta de casa. Desbloqueé la pantalla del móvil que aún tenía en la mano después de haber pedido el taxi y busqué en él su contacto. Escribí:

"Hay un lugar que no figura en los mapas: mi casa. Un tiempo que no está en los libros de historia: ocho de la tarde. Y una vida que no vivimos pero insiste en mi memoria y mis recuerdos: la tuya y la mía."

Lo envié decidido y esperanzado, pero cruzando los dedos. De inmediato recibí tan solo cuatro palabras por respuesta: *"Mañana en tu casa"* y lo que más me gustó fue el pequeño corazón rojo, que giraba en bucle y ponía fin a su mensaje.

Los preparativos para la nueva cita me resultaron más sencillos, pero no por ello menos especiales. Estaba empezando a coger práctica. Incluso, introduje algún cambio. El primero comprarle flores. Pero ¿qué flores le compras a una mujer que lleva un jardín en su sonrisa?

Opté por las silvestres, sencillas y frescas como ella, y encargué un buen ramo. Las coloqué adornando la mesa del salón y no me costó anticipar su reacción al recibirlas.

Era fácil imaginar feliz a la eterna defensora de los detalles, la amabilidad y la dulzura. Al salir del trabajo con horario alargado de tarde como docente, ya de camino a casa, compré comida preparada para la cena y esta vez, para beber, un cava. Supongo que, en mi inconsciente totalmente alterado desde la noche anterior, se estaba gestando un brindis.

Pero el timbre del portero automático no sonó puntual. Tampoco lo hizo a lo largo de los sesenta eternos minutos siguientes y me dieron las nueve en la más absoluta soledad. Me mantuve sereno, hilando fino excusas que justificaran la ausencia. Intentando no parecer el típico ansioso preocupado que llama preguntando si está todo bien, esperé esa hora y, cuando estaba a punto de darle a la tecla de llamada, me llegó un mensaje. Era de ella y temblé al abrirlo aún sin saber que me iban a sobrar los motivos para temblar. *"Perdóname. No he sido del todo sincera contigo. No, tampoco eso es cierto, lo he sido, pues nada de lo que te he dicho, y mucho menos nada de lo que he sentido, ha sido falso. Pero te he ocultado algo fundamental: me caso en un mes. No sé si enamorada, aunque creía estarlo, porque encontrarte ha cambiado todo tanto que, ahora mismo, dudo de mí. Hace dos días no acu-*

dí a la librería por casualidad o por interés literario. Estaba acompañando a mi futuro marido en la presentación de su última novela. Los libros que me firmó no eran para mí, sino simples compromisos y, a la vez, la excusa para hacer tiempo y esperar, deseando que, a modo de milagro, te acercaras tras haberme reconocido y volver a sentirme aquella joven ilusionada y hasta enamorada de hace veinticinco años. Anoche no tuve valor suficiente para decírtelo y, cara a cara, ya ves que hoy tampoco. Permíteme, solo y a modo de despedida, darte un último consejo: no te engañes acerca del amor que puedas sentir, porque aunque no dure más que ayer, solo hoy, un poco de mañana, o quién sabe si toda la vida, es la cosa más importante que puede sucederle al ser humano. Siéntete feliz por favor, no creas que has perdido. El que ama siempre gana." Ni un adiós, ni mucho menos corazones girando o besos saliendo de caritas sonrientes.

Yo no pude contestar. Volví a no decir nada, a no hacer nada. No tenía reproches. Acababa así, antes de nacer, lo que nunca había pasado de ser más que una ilusión. En mi cabeza palpitaban dos preguntas, y era consciente de que tarde o temprano me las tendría que hacer, convencido de que lo difícil iba a ser encontrar las respuestas. Las formulé en voz alta. Solo hacerlo me supuso un alivio, al menos temporal. Porque ¿de verdad sirve de algo amar si lo que verdaderamente amo no me quiere a su lado? Y si he de olvidar, ¿cómo se deja ir a alguien que ni siquiera me ha pertenecido?

Dejé con rabia el teléfono sobre la mesa. Tomé la botella de cava y me tumbé en el sofá. Miré primero al techo y luego a mi alrededor. La grieta de la moldura lucía hoy un poco más profunda. Reconocía otra igual en un lugar que latía en el centro de mi pecho. Los muebles parecían más pasados de moda que ayer, añosos, sombríos, decadentes. Allí donde acababan ellos, con iguales características y menos vida, empezaba yo.

No encontraba motivos para brindar pero quería beber. Y quería beber mucho. Pensé que, aunque suele ser lo más habitual, no siempre se brinda para celebrar, también se hace buscando resistir cuando algo se queda trabado en ti y duele mucho. Para que pase. Así que llené mi copa y, al mirar al frente, mis ojos se posaron en la carta con los resultados médicos que seguía sobre la mesilla, donde, despreocupado y feliz, la dejé la otra tarde. Quizás todo fuera más fácil, me dije. Tendría que conformarme con brindar por la salud. ❏

33 1/3

ANDER ROMAY MARCOS
Segundo Premio

ANDER ROMAY MARCOS. Abogado de profesión, es un apasionado de la literatura, especialmente del ensayo y la novela histórica. También le gusta escribir textos y relatos cortos como vía de desahogo personal, en los que reflexiona sobre cuestiones diversas como el amor, la religión o la naturaleza humana.

ecordé la carta de la mutua y me asaltó un extraño presentimiento. Me dirigí al vestíbulo con las gafas puestas y me quedé quieto observando aquel montón de papeles. Resulta que a mi sentencia de muerte la acompañaban un cupón de descuento del *Döner Kebab* que acaban de abrir en Pozas y el anuncio de un nuevo tratamiento para prevenir la caída del cabello. Me coloqué frente al espejo del vestíbulo y comencé a escrutarme el grosor del pelo, sopesando si ella se daría cuenta antes de la fisura en la cornisa del techo del salón o de los síntomas de alopecia que comenzaban a sitiarme las sienes. Me imaginé como uno de esos budas gordos y sonrientes, con las gigantescas orejotas reposando sobre los hombros, y lamenté que la calvicie como símbolo de simplicidad y armonía nunca hubiese terminado de cuajar en el imaginario occidental. Busqué la hora en mi reloj y en un rápido ejercicio aritmético descarté la posibilidad de viajar a Estambul para enguatarme la coronilla antes de las ocho horas del día siguiente. Cheever acudió puntual a mi cita con el desamparo para acabar de rematar con su optimismo la poca esperanza que me quedaba para encarar la cena de mañana: *"No hay una verdadera conexión entre el amor y el veneno, pero parecen puntos en el mismo mapa"*.

Me dirigí a la cocina. Las dos botellas de vino descansaban sobre la encimera envueltas en los veinticinco céntimos que me había costado aquella bolsa de plástico y pensé si a alguien le desincentivaría aquel gasto irrisorio, si alguien pensaría que tiene algo mejor en lo que gastar aquellos miseros veinticinco céntimos y me maldije por no haber llevado a la compra la bolsa de tela que me regalaron en la celebración del vigésimo aniversario del Guggenheim. Me acordé de Isabel volcada sobre aquel Pollock que yo miraba con ojos bizcos detrás de ella, como tratando de entrever la imagen que aquel ejercicio de incontinencia cromática necesariamente habría de esconder.

Aquel recuerdo se me retorcía en la mente como la punta del sacacorchos sobre el tapón de la botella de Rueda que apretaba entre mis dedos. En un inconsciente alarde de alcoholismo había optado por comprar dos botellas, dándome a entender que lo normal en una cena entre dos desconocidos fuera ventilarnos una botella por barba. De ser así, aunque ella lograra esquivar la honesta tentación de verme como un triste divorciado beodo y decidiera apostar sus últimos gramos de piedad cristiana en prestarse a pasar la noche conmigo, posiblemente nos enfrentaríamos a un escenario de obscena impotencia masculina. Imaginarme el gatillazo me produjo un pavor solo equiparable al de la detección de mi incipiente alopecia, que en lo que llevábamos de tarde ya se había colocado en el podio de mis miedos, por delante incluso de la carta de la mutua.

Volví a la sala sorbiendo el vino de la copa a rebosar y me detuve en el entramado de la alfombra, transportado al zoco de Marrakesh donde nos hicimos con ella. El desierto y un camino de vuelta a nuestra autocaravana con la alfombra a cuestas, riéndonos de mis habilidades para el regateo y temiendo no poder encontrarle lugar en nuestras vidas. El cielo rifeño parecía enredarse en aquellos hilos como las pelusas que en ese momento posaban ante mis ojos.

Pensé en la última vez que había pasado el aspirador y descubrí que mi recuerdo solamente alcanzaba hasta el lunes pasado. Antes lo demás eran también grietas, mera discontinuidad heraclitiana, olas rompiendo contra los acantilados de Barrika. El dolor regresó a la boca del estómago, atrincherado tras mis vísceras macilentas, tras tanto rencor sin masticar. Procuré acompañar aquel plato con un trago de verdejo que me supo a poco, maridaje insuficiente para semejante empacho. Apuré la copa de un trago y saqué el móvil del bolsillo.

Siempre he renegado del móvil porque esa pose de ludita venía muy bien a mis ínfulas de intelectual, pero lo cierto es que me he convertido en un adicto a la dopamina que segrega el cerebro al refrescar Facebook y LinkedIn, e incluso he llegado a pagar para progresar más rápido en el *Candy Crash*. Por supuesto, nadie conoce mi adicción, la cual, por otro lado, no es más que el fruto de la terrible tristeza que crece a la sombra de mi soledad. Me sentía el héroe trágico de una novela de Houellebecq, una ameba incapaz de tener verdaderos vicios, ahogado en el líquido amniótico de una ideología putrefacta y obsoleta.

Traje la botella de vino al salón y saqué el paquete de Camel que atesoro para este tipo de arrebatos autodestructivos. Arrastré el móvil por el sofá y me coloqué el pitillo en los labios. Mechero. Me dirigí a la cómoda estilo *art déco* donde Isabel guardaba un encendedor alargado para velas. En Isabel el tabaco resultaba un exceso de voluptuosidad innecesario, solamente reservado a artistas y gente decadente. No para mí. Clic. Clic. Clic. Entonces el teléfono vibró.

La dopamina se desató y viajó por todo mi cuerpo, conduciéndome a un estado de excitación exagerado y, de nuevo, por qué no, triste. Una notificación se posó sobre la pantalla de mi móvil recién llegada del hiperespacio. El funcionamiento de *interné* supone un enigma irresoluble para mi inteligencia de australopiteco, pero no es ni comparable a las dudas que me genera el porqué de su invención.

Muchas veces me he buscado ese deseo en la época de mi vida en la que todavía no existía *interné* y no he conseguido encontrarlo. Nada me hacía imaginar que en algún momento de mi vida necesitaría algo así. Tampoco terremoto, la vejez o el amor, sin que nadie realmente los desee, para cambiarlo todo por completo:

Hola, finalmente mañana no voy a poder a ir cenar a tu casa. Disculpa.

El humo huía de mis labios y no pude evitar maldecir mi suerte una vez más. Me llevé el vino a la boca y después de beber llené la copa con el humo que expulsaba por la nariz. La apoyé sobre la mesa y vi cómo el humo se iba desvaneciendo lentamente sobre el borde. Me acomodé en el sofá y miré hacia el techo. Aquella grieta, en verdad, me importaba una mierda, igual que todas las gilipolleces en las que había estado perdiendo el tiempo durante la tarde. Ni siquiera había podido disfrutar de la idea de tener una cita. Volví a inclinarme apoyando los codos sobre las rodillas y miré hacia la puerta de mi casa. Me acordé del día que Isabel cruzó el umbral con las maletas y yo estaba detrás, igual que cuando fuimos a ver el cuadro de Pollock, con los ojos bizcos mientras ella parecía ver algo en el lienzo que el futuro pintaba para nosotros. Otra notificación llegó del hiperespacio:

¡Pero si te viene bien puedo pasarme hoy mismo!

Agradezco mucho a Nietzsche que me revelase el rasgo de mi carácter al que más estima tengo hoy en día, aunque para descubrirlo me viese obligado, uno, a divorciarme del amor de mi vida, y dos, a leer al propio Nietzsche, lo cual puedo asegurar supone un dolor casi comparable al número uno. Cuando veo que todo se desmorona a mi alrededor y me encuentro al borde de la enajenación mental, hallo un pensamiento de lucidez que me permite mantenerme a flote. En esta ocasión, ese pensamiento fue el de sentirme imbécil por no haberme alegrado de tener una cita. Deleuze identificaría ese movimiento del espíritu que Nietzsche denomina como "voluntad de poder" con un "nihilismo positivo", que consiste, básicamente, en que una vez caes en la cuenta de que todo tiene un nosequé de jodido y falso y doloroso, en vez de pegarte un tiro, decides ponerte a bailar bajo la lluvia. En esa ocasión, ese resorte íntimo saltó antes de que mi móvil alumbrase aquella maravillosa notificación de las entrañas de *interné*, con lo cual no es difícil imaginar que, de la alegría, casi prendo fuego al sofá con el cigarro que todavía mantenía encendido entre los dedos.

Me puse de pie y me acerqué al mueble sobre el que se apoya la televisión. Empujé suavemente una de las puertas y de su interior emergió un viejo Philips con el plato pegado junto a nuestra escueta pero cuidada colección de vinilos.

Decidí tomarme el tiempo justo para responderle y escoger la canción que quería escuchar en aquel momento. Fui pasando algunos álbumes clásicos y vi cómo delante de mí se sucedían la trompeta de Miles Davies frente a su mágico *Kind of Blue* y los fantasmagóricos rostros de Ace Frehley y Gene Simmons de Kiss, el traje y la arrolladora sonrisa de Sinatra y el *Pearl* de Full Tilt Boogie Band y Janis Joplin. Dicen que la música es de lo último que tarda en olvidarse y esta es una de las pocas cosas que tengo por ciertas en mi vida. Una de esas olas que colisiona contra mi memoria es la casa de mi *aitite*, cuando tenía cinco años y él casi cien, y me miraba con esos ojos enormes mientras recorría la casa cantando canciones que a mí me parecían muy antiguas y le preguntaba a mi padre y me decía que sí, que eran canciones realmente antiguas y que eran lo único que ahora le quedaba al *aitite* en la cabeza. Y vuelvo sobre mi ser y me imagino la cabeza de mi *aitite* como un tocadiscos en el que reverbera una y otra vez la banda sonora de su vida y se me ocurre que tampoco a mí me importaría abandonar así el vivir y que tal vez también yo, cuando cumpla noventa o doscientos años, comience a cantar las canciones de Kiss, de Sinatra o Janis Joplin o tararee uno de los solos de Davies y con ellos, igual que ahora, me vaya de este mundo. Saqué a Sabina de la estantería y lo sostuve mientras el cigarro se me consumía en la boca. La decisión estaba tomada.

Lo coloqué y volví a erguirme sobre una nube de humo. Cogí la copa de vino y le di otro trago, esta vez más reposado, más tranquilo. De fondo una batería y una voz que ahora sonaban ridículas: *"Qué voy a hacerle yo, si me gusta el whiskey sin soda, el sexo sin boda, las penas con pan"*.

Cogí el móvil y abrí el teclado virtual. Más humo. Opté por hacerme el gracioso: *¡Qué pena! Ya estaba cocinando mi famoso osobuco a las finas hierbas, pero si vienes hoy tendremos que pedir unas pizzas!* Confiado, lo envié nada más escribirlo, sin apenas repasar la ortografía. Me respondió al instante:

Ah, perdona. Siento haberte fastidiado la cena. Entiendo que tal vez todo sea demasiado precipitado. Igual prefieres que dejemos lo de la cena.

Maldito Nietszche. Maldita voluntad de poder. Reculé de inmediato:

No, no, era broma, mañana no iba a preparar osobuco. La verdad es que cocino fatal. Si no te gusta la pizza, podemos pedir otra cosa. Tengo Glovo y Uber...

Entonces entró un nuevo mensaje:

¡Es broma! Jajajaja Las pizzas me parecen genial. Te va bien a las 21:30? Espero que no hayas comprado vino!!!

El cigarro se me había apagado en la mano. Sabina tronaba en mi salón: *"Deja tu abrigo y ven, hay sitio para los dos"*. Ahora sí, Joaquín, ahora había sitio para todos. Borré el mensaje y procedí de la única manera posible:

Jajajaja (nunca imaginé que esta onomatopeya pudiese convertirse en el decantador de mi angustia) *perfecto, encargo las pizzas para las 22:00.*

Miré el reloj y acababan de dar las ocho. Me asomé al balcón. Corría a mi derecha la calle Autonomía. El cigarro se me cayó de los dedos y fue a impactar en el suelo justo cuando pasaba un chaval de quince años que respondió gastando una flema impropia para su edad: *"Más cuidado viejo-mierda, guarro"*.

Y siguió su camino bajo el frío de diciembre, con la paz y la razón de un santo. De repente, nuestra casa corría el riesgo de convertirse en ese mágico lugar normalmente reservado a cines y restaurantes italianos, a parques y callejones, donde las personas descubrimos que, quizás, lo mejor que podamos hacer a veces es darnos un beso. Y eso me asustaba. La memoria va diluyendo la materia de nuestros recuerdos hasta que de pronto mi exmujer se convierte en un fantasma que acude a atormentarme en los momentos más inesperados. De hecho, creo seguir acudiendo a los tediosos eventos de su librería para cerciorarme de que realmente no es así, de que, a pesar de todo, aunque yo no me lo crea, sigue viva y, por tanto, no puede rondar por los pasillos por la noche. O, al menos, eso trato de repetirme.

Tras Sabina, recorrieron mi salón en inaudita cabalgata Eskorbuto, los Beatles, Chet Baker y Big Poppa hasta que el reloj iluminó las nueve y veinte. Ya solo quedaba una botella de vino, la mesa de la cocina tenía un mantel recubriéndola y, sobre él, platos de diseño y copas de cristal de Waterford. A las nueve y media en punto llamaron al timbre.

Me había duchado y peinado y calzaba mis zapatillas de casa con un pantalón beige y camisa azul cielo. Encendí la luz del rellano y abrí la puerta para recibirle. Son esos segundos raros, cuando esperas en el rellano al ascensor. Da tiempo para ensayar una sonrisa, para respirar antes de salir a escena. Producto de mi trastorno obsesivo-compulsivo, me dio por volver una vez más al salón por si me había dejado algo. Descubrí en mi paranoia la mesa del salón repleta de los despojos de un bohemio decimonónico: paquete de cigarro, botella de vino vacía y copa a medio beber. Lo recogí a toda prisa y lo llevé a la cocina, donde clasifiqué y limpié todo siguiendo los cánones del más ortodoxo reciclaje. De pronto, se oyó un portazo. Sería raro que ella hubiese entrado así directamente, sin llamar al timbre. La corriente. Me dirigí de nuevo al recibidor. Los cupones estaban por el suelo, pero la carta de la mutua había desaparecido. Abrí la puerta y miré hacia el ascensor. La lucecita estaba iluminada, señal de que aquí no había venido nadie. Ahora ya no recuerdo si vi algo, si escuché un ruido, o si sencillamente me lo imaginé, pero el caso es que me lancé escaleras abajo hasta la calle. Empujé la puerta del portal y miré a izquierda y derecha. Vi a alguien de espaldas girar por Labayru hacia Alameda Recalde y corrí detrás. Preso de la emoción, no me detuve a pensar ni en el frío de la noche invernal ni en las zapatillas de casa que iba arrastrando entre los charcos, ni siquiera en mi deplorable condición física, que la adrenalina apenas logró disimular unos segundos. Una vez doblé en Labayru, pude ver aquella espalda perderse hacia Vistalegre entre la luz de las farolas y me dejé llevar tras ella una vez más.

Remonté Recalde hasta Machín y me detuve al fondo en la reja que separa la calle de los pasadizos para subir a la altura de la plaza. Me colgué de los barrotes, agotado por el esfuerzo, sin rastro a mi alrededor de quien fuera que estuviera persiguiendo. Me di la vuelta hacia la calle y me llevé las manos a la cabeza.

Ella me estaría esperando.

Deshice el camino, esta vez andando, hacia mi casa. El pecho me latía como un tambor en Semana Santa. La cabeza me daba vueltas, bombardeándome con imágenes de un zoco marroquí, de viajes exprés a Estambul, de Isabel, del hueco de las escaleras, de ella. Y cuando llegué a mi calle, por fin, la vi. Estaba frente al portal con una gabardina de paño a cuadros azul y gris, sujetando una bolsa con la mano izquierda y el móvil con la otra. Imagino que me estaría llamando, escribiéndome. Cuando uno va a casa de alguien, no se imagina ser quien tenga que recibir a su anfitrión. Giró la cabeza y me miró. Sorprendida, claro, y empezó a gritarme conforme me acercaba:

¡Justamente te estaba llamando! ¡No llevas abrigo!

Y llegué hasta ella y nos dimos dos besos. Y vi mi rostro en sus ojos y vi que no tenía buena cara, pero que ella estaba radiante. Le dije que teníamos un problema, que había tenido que salir a toda prisa y que me había dejado dentro las llaves de casa y del portal, pero que esperaba que la puerta de casa estuviera abierta, que no soplaba el aire y que probablemente esta no se hubiera cerrado.

Ella se rio, porque resulta que ella se ríe siempre. Llegó un vecino que me miró extrañado, como solemos mirar a la gente que vive en nuestro edificio, a escasos metros de nosotros, justamente en el mismo sitio, pero dos o tres metros más arriba, o más abajo. Abrió la puerta del portal y pudimos huir del frío, de la tenue luz que ilumina las calles, y nos apretujamos los tres en el ascensor. Y ella sonreía esperando en silencio dentro del ascensor, como si ya supiera que la puerta iba a estar abierta. Y, claro, lo estaba. Atravesamos el umbral y vio los cupones en el suelo y me preguntó por aquello, por la puerta abierta. La corriente, le dije, y pareció darse por satisfecha, a pesar de que nadie pudiera estarlo. Abrí el vino y puse el que había traído ella a enfriar. Le serví una copa y abrí una bolsa de patatas fritas mientras esperábamos a las pizzas.

Llegarán a las 22:00, las he encargado para esa hora. Espero que te guste el vino.

Y ella seguía mirándome y sonriendo y yo me senté enfrente y decidí empezar por excusarme.

De verdad que siento haber sido tan maleducado esta mañana. ¿Te gusta la música? Tenemos, digo, tengo una buena colección de vinilos que si quieres...

Sin quitar la sonrisa de su cara, me interrumpió:

¿Tú eres el exmarido de Isabel, verdad? ¿Por qué vas a todos los eventos de la librería? Eres un exmarido ejemplar...

Nunca había sospechado que pudiera haber tal cosa, pero me hizo gracia el comentario, y decidí seguirle el rollo:

¿Sabes? Es porque le tengo miedo a los fantasmas. Por eso mismo venía ahora de la calle. Creía haber visto a uno y me lancé tras él.

Continúo hablando sin despegar la sonrisa de su boca:

Qué raro, esta mañana me dio la impresión de que eras el típico tío racionalista a saco. No hubiese imaginado que te fuera ese rollo...

Y yo le dije que fliparía conmigo, que me encantaba el

rollo espiritista, que hacía vudú y tarot y jugaba a la güija y veía *Cuarto Milenio* y los alienígenas y todas las movidas. Y siguió riéndose y así se dio el vino hasta que llegaron las pizzas, y seguimos bebiendo y comiendo y resultó que ella era abogada y que se había pasado toda la vida en un despacho y que ahora se lo había montado por su cuenta y que estaba encantada, aunque lo de la enfermedad había sido una putada. Le gustaban mis tonterías. Le conté lo de los cupones y lo de la grieta del techo del salón. Hablamos de la decrepitud y del paso del tiempo. Hablamos del amor. Le expliqué que esta mañana había sido un falso y que era muy difícil medirse diariamente con la soledad, estar mal cuando todo el mundo aparenta estar tan bien. Me sentía tan bien hablando con ella que no tuve problema en contarle todo aquello. Ella me miraba y asentía y parecía entender todo lo que le estaba contando. Me dijo que nunca se había enamorado, porque creyó haber estado enamorada de su exmarido, pero luego se enamoró de una mujer y entonces entendió que realmente nunca había estado enamorada de su exmarido. De ahí había llegado a la conclusión de que realmente una nunca puede saber si está enamorada o no, porque siempre podría enamorarse una vez más, y más fuerte, tan fuerte como para darse cuenta de que todas las veces en las que creía haber estado enamorada realmente no habían sido nada más que simulacros de esa fuerza colosal que llamamos amor. Consideré que su argumentación resultaba un tanto zafia, pero en vez de rebatirle me limité a decirle que yo sí que había estado enamorado, pero que desde que se fue Isabel le había cogido un miedo terrible al amor. Dijo que ya no creía en el matrimonio, que siempre había sospechado de él, pero que la vida había acabado por confirmar sus sospechas. Me dijo que en verdad detestaba el existencialismo, que éramos pobres y que temía el porvenir. Pero todo lo dijo tranquila, con el tono sereno y sonriente, como si fueran evidencias carentes de gravedad:

Perdona, ¿te importa que me fume un cigarro?, preguntó, *las pizzas estaban riquísimas.*

No, no, en absoluto, respondí. *Creo que voy a fumarme un cigarro contigo, si no te importa. Oye, ¿te parece seguir en el salón? Podemos llevar ahí la botella de vino y poner algo de música.*

La idea le gustó y movimos la fiesta al salón. Volví a pasar por el recibidor y no pude evitar estremecerme, aunque lo bien que estaba yendo la velada disipó cualquier atisbo de temor. Ella se acomodó en el sofá mientras yo traía el mechero y, tras un breve silencio para prender los cigarros, retomamos la conversación. Me preguntó cómo era lo de vivir solo, ya que ella tenía a su hijo y le costaba mucho imaginarse la vida en soledad. Por otro lado, decía que tal vez nunca hubiera llegado a conocerse del todo, que primero había sido novia, luego mujer y después madre, y que solamente la enfermedad le había permitido descubrir de alguna manera quién era realmente:

No sé si eso pasa de verdad. Lo de conocerse una misma digo. No sé. Te seré sincera. Hasta hoy por la mañana venía pasando por una racha bastante mala. Mis padres eran muy religiosos, como los de mi exmarido, y creo que nos casamos para poder salir de ahí. Nos sentíamos muy atrapados. Aunque te aseguro que estábamos enamorados. Yo no hubiera dado un paso sin estar enamorada, pero bueno, después, ya sabes. No entiendo muy bien por qué pasan cosas así en la vida. Yo quería a mi marido, pero un día descubrí que estaba enamorada de otra persona y, bueno, hay que ser valiente. Mi hijo lo entendió todo muy bien y mi exmarido creo que también, pero no es fácil. Luego llegó lo de la enfermedad y eso. Pero vaya, esta mañana me he levantado y he dicho, ya está, voy a ir a ver al escritor ese y a darme un paseo y te vi y me acordé de ti y de que siempre me gustaste y ya sabes, me apetecía probar el vino y divertirme un poco.

Me incliné sobre ella y la besé. Nunca el humo me supo tan bien en la boca de otra. Nuestros labios se enlazaron y ella me pasó la mano por el pelo y la cara hasta apartarme con suavidad:

Oye, ¿por qué no pones un poco de música? Me encantan los vinilos...

Además, le encantan los vinilos, pensé. Y ya no pensé más. Me levanté del sofá y me puse a buscar en la colección, de espaldas a ella, tratando de dar con la canción exacta para ese momento, mientras ella retomaba la conversación:

Por cierto, vas a pensar que estoy loca. Antes decías que acababas de ver un fantasma... Pues no te imaginas lo que me ha pasado esta mañana. Ayer por la tarde recibí una carta del hospital. Imaginé que serían los resultados de mi última analítica y preferí verlos en otro momento por si tenían malas noticias. Ahora mismo, ¿sabes? No estoy para malas noticias. Entonces dejé la carta en mi mesilla de noche y esta mañana salí al evento de la librería. Después de estar contigo volví a mi piso y estaba mi hijo en la cocina. Fui al cuarto a cambiarme y la carta no estaba.

Un escalofrío me recorrió todo el cuerpo y me quedé tieso mientras trataba de extraer un vinilo de Bobby Darin de la funda.

Te creerás que estoy como una regadera, pero yo te prometo que la carta no estaba. Fui donde mi hijo y le pregunté a ver si la había cogido por algún casual y me dijo que no. De todas formas, mi hijo salió ayer de fiesta y no se enteraba de *nada. Me puse a buscarla por toda la casa, pero estoy segura de haberla dejado en la mesilla. No sé qué diría la carta, pero bueno, sea lo que fuera, se ve que no es el momento para abrirla.* ❏

MAÑANA EN MI CASA

Silvia García Martínez
Tercer premio

SILVIA GARCÍA MARTÍNEZ nació en Bilbao en 2008. Cursa segundo de Bachillerato en Jesuitak Indautxu. Le interesa la literatura universal, la filosofía y los idiomas y practica danza acrobática.

En pocos minutos, ya estaba contemplando los miles de posibles motivos por los que mi vida estaba en peligro a causa de la vejez. Sin embargo, no lo sabía con certeza y, tal vez, leer la carta que en aquel instante sujetaba entre mis temblorosas manos corroboraría alguna de mis inquietantes teorías. Por esta razón, decidí dejar el sobre con los resultados que tanto temía encima de la mesita de la entrada una vez más. En esta ocasión, fijándome en cada pequeño rasguño que llenaba de imperfecciones la estructura de madera de mi vestíbulo. ¿Cómo podía ser que hasta aquel momento no me hubiera dado cuenta de lo deteriorado que se encontraba mi domicilio?

Aquella noche apenas pegué ojo. No podía parar de pensar en el día siguiente, pues no estaba preparado para recibir a mi cita en mi casa. Al fin y al cabo, once largos años viviendo en soledad convierten una simple cena en compañía en un evento de gran importancia. Asimismo, no se trataba de una compañía cualquiera: era Ane Aguirre.

Con mis 52 años, todavía recuerdo perfectamente el día en el que la conocí. Yo acababa de terminar la carrera y había logrado encontrar trabajo en Iberdrola, gestionando contratos y facturas. Ese es el empleo en el que me mantengo en la actualidad, treinta años después. No exageraba, por tanto, al describirme como ordinario. En realidad, probablemente sea la persona más corriente y rutinaria que uno jamás haya podido conocer.

De todos modos, fue mi primer día de trabajo la vez en la que, por primera vez, intercambié unas palabras con ella. Allí estaba, sentada en una de las numerosas mesas del piso 27 del edificio. De todos los empleados que trabajaban en aquella planta, fue ella la que, notándome bastante desorientado, vino hacia mí. Nunca olvidaré su mirada encantadora que hacía que me perdiese completamente en sus grandes ojos azules. Al decirle dónde me dirigía, Ane decidió guiarme hasta allí, en lugar de darme unas simples indicaciones. La seguí, caminando unos cuantos pasos por detrás, lo que me permitía apreciar su largo y rubio cabello recogido de manera delicada y el rítmico clic-clac que provocaban sus tacones contra el suelo al caminar.

Una vez encontrado el cubículo en el que pasaría largas horas de trabajo, le agradecí su ayuda y, tras dirigirme una cálida sonrisa, se marchó.

Transcurrido un tiempo, yo ya estaba inmerso en mi nuevo empleo, convencido de que, entre tantos trabajadores, probablemente no volvería a ver a la chica rubia que tan simpática me había parecido. Sin embargo, en aquel instante escuché el resonar de tacones sobre la superficie de granito, esta vez indicando pasos apresurados. Entonces, levanté la mirada para ver a Ane desplazándose rápidamente hacia los ascensores con los ojos llorosos. Corrí tras ella y conseguí deslizarme dentro del ascensor justo antes de que se cerrarán las puertas. Así fue como me enteré, entre lágrimas y sollozos, de que una amiga del trabajo de Ane acababa de ser encontrada muerta en la sala de conferencias de la planta superior.

A decir verdad, fue una manera peculiar y triste de volver a encontrarnos; no obstante, resultó ser mi oportunidad para lograr acercarme a ella. De esta manera, nos hicimos amigos. Sin embargo, aunque a esa edad tanto lo hubiera deseado, nuestra amistad nunca se convirtió en algo más por un único pero significativo motivo: Julen. Se trataba del novio perfecto de Ane que, en un futuro no muy lejano, pasaría a ser su marido.

Estuve casi todo el día siguiente con los preparativos para la cena. Cada vez me preparo platos más simples, lo que requiere poca habilidad en la cocina. Por esta razón, se me complicó un poco la elaboración de un bogavante al horno con salsa marinera que había pensado elaborar. Lo que me obligó a dedicarle toda mi atención y no me dio tiempo a salir a comprar nada más, como había planeado el día anterior. Con todo, conseguí terminar de hacer la comida antes de que llegara la invitada.

Cuando me dirigía hacia el comedor con un rollo de papel de cocina, siendo esto lo único que me faltaba para acabar de poner la mesa, me detuve bruscamente en el vestíbulo. Atisbé *la* carta que permanecía intacta en la mesita, encima de otras muchas que carecían de importancia. Entonces, dejé caer el papel de cocina en el suelo y estiré la mano para abrir el intimidante sobre: debía saber su contenido. Si bien los resultados podían ser realmente negativos, cabía la posibilidad de que no lo fueran. Además, la espera me suponía un estrés añadido y, a fin de cuentas, con la cena ya contaba con angustia suficiente. Así pues, con el objetivo de quitarme un peso de encima, cogí la carta, la abrí cuidadosamente deslizando un dedo por el pliege, metí la mano en el sobre y...

De pronto, el timbre comenzó a sonar y, sobresaltado, corrí hacia el portero automático, dejando la carta medio abierta sobre un anuncio de Telepizza. Mientras pulsaba el botón del aparato, reparé en Ane mirando por la camarita, quien agarraba el pomo de la puerta del portal. Verla a punto de entrar en mi casa me recordó los viejos tiempos. Concretamente, a la última vez que vino.

Como todos los martes, Isabel se iba a su club de lectura, que empezaba a las seis. Siendo las seis menos cuarto, mi mujer andaba apurada, (como siempre), pues probablemente llegaría tarde, (como de costumbre). Yo estaba sentado en el sofá, totalmente cautivado por la película *El nadador*, que sí: se trata del famoso cuento de John Cheever llevado al cine.

—¡Hasta luego, cariño! —exclamó Isabel mientras cerraba la puerta deprisa, sin esperar respuesta alguna.

Yo seguía absorto frente al televisor, cuando, minutos más tarde, sonó el timbre. Sin duda, mi mujer volvía por lo que fuera que se le había olvidado: ¿por qué tocar el timbre? Estaba seguro de haberla oído cerrar la puerta con llave. Aun así, me levanté de donde estaba cómodamente sentado y fui a abrir. Pero no se trataba de Isabel, sino de una chica con rasgos completamente opuestos: en lugar de pelo liso de un castaño claro, unas ondas rubias caían sobre sus hombros; en vez de ojos marrones oscuros, un azul profundo iluminaba su pálida cara... Ciertamente, era Ane.

Pasamos un largo rato charlando en el salón. Tras casi veinte años de amistad, no era raro que Ane se presentara en mi casa sin avisar. No obstante, era casi Navidad y ella y su marido solían irse de vacaciones en esas fechas. Por lo tanto, la inesperada visita me resultaba peculiar, así que, en un momento, no dudé en manifestarle mi sorpresa.

—Ane, qué sorpresa —dije—, me alegro de que hayas venido, pero... mañana es Navidad. ¿Este año Julen y tú habéis decidido quedaros en Bilbao? Es que... después de tantos viajes navideños se me hace extraño verte por aquí en estas fechas.

De pronto, noté un cambio en el rostro de Ane. Como si, de repente, un gran dolor y una tristeza punzante la envolvieran por completo.

—Pues verás... En cierto modo, de eso quería hablarte... —empezó a decir Ane, mirando hacia abajo como tratando de esconder sus ojos llorosos—. Julen ya...

Hizo una pausa en la que cogió aire y levantó la cabeza, mirándome a los ojos.

—Está muerto, Koldo —soltó de pronto, esforzándose en contener un sollozo—. Falleció ayer... Bueno, se suicidó.

Me quedé un momento observándola. Completamente estupefacto.

—No sabes cuánto lo siento, Ane —murmuré con un tono de seriedad pero que no ocultaba mi perplejidad.

Ane debió notar lo sorprendido que estaba ante este giro de acontecimientos inesperado y trató de explicarme, entre lágrimas, lo sucedido.

—Créeme, yo soy la persona que menos se esperaba esto —dejó escapar un suspiró antes de continuar—. Ocurrió cuando yo no estaba en casa. Acababa de ir a comprar unos botes de viaje, porque, efectivamente, hoy pretendíamos coger un vuelo a París. Pero, cuando volví con los frascos en la mano, me encontré a Julen en el suelo de la cocina con una caja vacía de pastillas para dormir en la mano.

Tras escuchar esto, me quedé totalmente paralizado. ¡No podía ni imaginar por lo que estaba pasando Ane en aquellos momentos! Se había quedado viuda, descubriendo ella misma el cuerpo sin vida de su marido. Peor incluso: por alguna razón que ella nunca llegaría a conocer, Julen había decidido dejar este mundo. Lo había decidido solo, sin ni siquiera comunicarle su angustia y preocupaciones a su mujer. Por lo cual, no se me ocurrió otra cosa que acercarme a ella y acariciar su rostro de manera cariñosa. No le resultó extraño, pues, como he indicado anteriormente, llevábamos mucho tiempo como amigos.

—Esto debe ser muy duro para ti —le dije, y añadí cordialmente—. Que sepas que yo estoy aquí para todo lo que necesites, ¿vale?

En fin, lo que se suele decir en situaciones así, ¿no? Lo que no me esperaba es lo que ocurrió a continuación.

—Ya lo sé —respondió Ane con un tono de voz un tanto inusual mientras se acercaba más a mí.

En aquel momento, me pareció ver que escondía un objeto plateado en su mano izquierda; sin embargo, apoyó su mano en el sofá y estaba vacía. Me lo había imaginado.

—Siempre lo has estado... —continuó diciendo Ane—.

Por lo que he estado pensando, nunca hemos tenido una oportunidad tú y yo. Pero, me gustaría intentarlo.

Antes de lograr contestarle y de poder poner una distancia entre nosotros, sucedió lo que, indudablemente, no esperaba para nada: un carraspeo seco que procedía de alguien que en aquel instante se encontraba en el salón con nosotros. Giré lenta pero bruscamente la cabeza solo para encontrarme cara a cara con Isabel, quien parecía llevar allí un rato, observando la escena. En aquel momento, yo no hacía más que preguntarme a mí mismo, ¿cómo puede ser posible no haberla escuchado entrar en casa? Entonces, me di cuenta de que, al dejar pasar a Ane a mi casa, entre mis propios pensamientos y la conversación con ella, había dejado la puerta completamente abierta. ¡El momento más inoportuno de mi vida para ser tan ridículamente despistado!

Sin saber cómo actuar y con un nudo gigantesco en la garganta, solo se me ocurrió decir:

—Emm.. ¡I-Isabel! ¿Cuánto tiempo llevas aquí?

Su expresión de enfado e incredulidad me hizo arrepentirme de lo dicho en el momento en el que las palabras salieron de mi boca. Sobre todo, al oír su desoladora respuesta.

—Lo suficiente como para querer ponerle fin a este matrimonio.

Con mucho el peor momento de mi vida. Fue ese día el último en el que vi a Ane. Con Isabel fue diferente. Traté de arreglarlo todo. Intenté explicarle la situación. No obstante, fuera como fuese, si Isabel tenía una idea clara era el divorcio. Por tanto, acabé aceptando la situación, si bien yo lo único que quería realmente era aclarar las cosas y terminar con tanta confusión. Pero no pudo ser...

Aun así, allí me encontraba, once años después, a punto de cenar con, a decir verdad, la persona por la que mi matrimonio había terminado. Pero yo, a pesar de todos estos años de soledad, no la culpaba por ello. Es más, aquel momento me pareció muy injusto para ella. Por una parte, acababa de perder a su marido e, indiscutiblemente, se sentiría demasiado sola, por lo que no estaría pensando con claridad. Y por otra, ¿cómo iba a saber ella que mi mujer iba a aparecer de la nada antes de que yo pudiera pararle los pies? Es cierto que fui yo quien, tras lo sucedido aquel día, tomé la decisión de perder el contacto de Ane. No obstante, fue únicamente porque pensaba que, de esa manera, Isabel entraría en razón. En cualquier caso, ¿qué importaba todo eso? Después de todos aquellos años, la había invitado a mi casa. Si bien puede parecer extraño, en realidad, lo había hecho por cortesía. Ella, revelándome que había sido víctima de una enfermedad muy dura, no me había demostrado más que honestidad. Mientras que yo, preocupado por la impresión que causaría, había inventado una vida perfecta que ni siquiera me pertenecía, mostrando nada más que arrogancia y orgullo. En definitiva, le debía esta cena, al menos para hacerle ver mi verdadera forma de ser.

Así pues, sin más demora, la dejé pasar a casa. No fue hasta que le estaba dando la bienvenida cuando me di cuenta de que el rollo de papel seguía en el suelo y que, al dejarlo caer libremente, se había esparcido por toda la entrada. Disciplinadamente, lo recogí, lo volví a enrollar y, dejándolo en la cocina para otro momento, busqué otro nuevo. Intenté ir deprisa, pues no quería hacer esperar a mi invitada. Sin embargo, entre las prisas y mi carácter nervioso, me costó recordar dónde estaban. Por fin saqué un rollo e iba a dejarlo en el comedor, cuando vi a Ane pacientemente esperando en el vestíbulo.

—Ane, pasa, pasa y siéntate en el comedor —dije insistente, mientras me preguntaba a mí mismo cómo se me había podido olvidar decírselo antes... Vaya despistado.

Estuvimos horas y horas conversando mientras cenábamos mi sorprendentemente aceptable comida. Entonces me percaté de lo mucho que echaba de menos la compañía y de lo poco que importaba lo deteriorado de mi domicilio al compartir momentos con otra persona.

Hablamos sobre el pasado: de nuestros mejores recuerdos juntos, de acontecimientos graciosos... Pero también charlamos sobre nuestra vida actual. Por un lado, yo le informé acerca de la soledad e inactividad de mi vida, dispuesto a ser completamente sincero. Por otro, Ane me confió que había estado cuatro años hospitalizada, sin poder ver a su hermana quien también se encontraba enferma, pero en otro hospital. Sin embargo, no me llegó a revelar en ningún momento de qué enfermedades se trataban y yo, tratando de contener mi curiosidad para no parecer un descarado total, no se lo pregunté. A pesar de que me gustaría haberle mostrado de alguna manera que podía confiar en mí.

Más tarde, estábamos viendo una película en el salón cuando, de pronto, mi móvil comenzó a sonar: era Eneko, el hermano de Isabel. Me extrañó ver su nombre en la pantalla, por lo que dejé a Ane ante la televisión y me fui a mi habitación con el fin de averiguar el motivo de una llamada tan inusual. Minutos después, en el momento en el que me volví a sentar en el sofá, lo hice con una expresión de tristeza y un peso paralizante encima. Al verme en estas condiciones, Ane pausó la película al tiempo que me preguntaba la razón de mi repentina angustia.

—Es Isabel... Está —balbuceé tratando de contener las lágrimas—... muerta. Fue apuñalada por la espalda ayer por la noche cuando estaba cerrando su librería.

Aun diciéndolo, no me lo terminaba de creer. ¿Cómo había sido eso posible?

—Lo siento mucho, Koldo —me dijo Ane visiblemente sorprendida ante la gravedad de lo sucedido—. ¿Se sabe quién lo hizo?

—No, todavía no hay ni un solo sospechoso...

—No me puedo ni imaginar lo angustioso que puede ser eso —comentó Ane mientras se acercaba a mí.

Este momento me recordó, extrañamente, a nuestra última conversación de hacía once años. Sobre todo, al darme la impresión de que Ane mantenía su mano izquierda detrás, y un brillo plateado perceptible, como la vez anterior. Ya no podía ser sólo imaginación mía. Estaba a punto de mencionárselo pero, de repente, mi móvil volvió a sonar. Esta vez, sin ni siquiera mirar quién era, me dirigí directamente a mi habitación.

No obstante, al contestar me di cuenta de que no se trataba de Eneko sino de un número desconocido.

—¿Sí? —demandé.

—Hola, le llamamos del hospital psiquiátrico de Álava para informarle de que hemos rastreado la ubicación de una de nuestras pacientes más peligrosas, que llevaba cuatro días desaparecida tras haber logrado escapar de nuestro edificio, y se encuentra en su casa en estos momentos.

—¿Perdón? —interrumpí perplejo mientras un pánico atosigante corría por mis venas.

—Ane Aguirre, quien sufre un trastorno de personalidad que ha llegado en varias ocasiones a niveles extremos, incluso terminando con la vida de sus amigos y familiares. Fue trasladada a este hospital como consecuencia de un intento de fratricidio. Le llamamos para advertirle, tenga mucho cuidado, la ayuda está en camino.

Tras estas palabras, colgó la llamada, dejándome completamente horrorizado.

Entonces empecé a recordar las muertes confusas que habían ocurrido cuando Ane estaba allí, desde el día en el que la conocí: su amiga, su marido... Siempre me había parecido que el sufrimiento la acompañaba y nunca habría deducido lo que en realidad estaba pasando... Lo peor era que en aquel momento estaba casi completamente seguro de que me encontraba con la responsable de la muerte de Isabel. Sentí una oleada de ira.

De súbito, me vino una espeluznante idea a la cabeza. Recordé el objeto plateado en el que me había fijado ya en dos ocasiones: ¿y si se trataba de un cuchillo? ¿Y si yo fuera su próxima víctima? Solo de pensar en que probablemente éste podría ser su segundo intento de asesinarme me ponía los pelos de punta... ¿Qué debía hacer en aquel momento?

Apenas llevaba unos segundos pensando cuál sería mi próximo movimiento, cuando escuché unos pasos acercándose hacia mí. Me asomé a la puerta: era Ane. Y, efectivamente, empuñaba un cuchillo tan afilado que resplandecía. Hicimos contacto visual e, instintivamente, cerré con pestillo la puerta de mi habitación.

—Vamos, Koldo —dijo ella desde el otro lado, su voz me pareció terrorífica repentinamente—, solo vengo a hacerte un favor. En el momento en el que fuiste a por el papel, yo leí la carta de tu mutua, ¿sabes?

—¿Mi mu-mutua? —solté atropelladamente.

—Ah, ¡claro! Ni siquiera la has leído aún, ¿verdad? —continuó sin esperar respuesta—. Fíjate que ya se me había olvidado lo extremadamente aprensivo que eres. No te preocupes que ya te lo cuento yo. Parece que mediante los análisis han descubierto que padeces un tumor cerebral. No te quedan más de dos años de vida, máximo.

En aquel instante casi me desmayé. Conseguí contenerme porque, de golpe, comencé a pensar en mi aburrida y solitaria vida. Siempre había estado preocupado por mi trabajo y mi salud, sin darme ni cuenta de que el mundo seguía girando y los días, uno tras otro, pasaban cada vez más rápido. Lo sentí como una gran revelación: debía cambiar, no podía dejar que el tiempo pasase sin más. Pero si quería transformar mi vida, debía salir con vida de este encuentro con mi amiga la psicópata. Súbitamente, un golpe sordo provocó un gran estruendo y todo acabó.

Todos vestían de negro, lo habitual en estas ocasiones. Los últimos en entrar en la iglesia se sentaron por detrás, algunos de ellos eran compañeros de trabajo con los que poca relación tenía; otros, ni los conocía. Sin embargo, por delante, cerca del ataúd donde descansaba mi cuerpo sin vida, mis amigos y mi novia trataban de contener las lágrimas, quietos y sin pronunciar palabra, mientras escuchaban el sermón del sacerdote. A estas personas tan importantes para mí, únicamente las había conocido hacía menos de tres años, los tres más felices de mi vida.

A partir del curioso día en el que la policía irrumpió en mi casa, dejando la puerta hecha añicos y escandalizando a todo el vecindario, abandoné mi carácter solitario y reservado y adopté uno más social. Esto me dio a conocer más el mundo y todas sus posibilidades, abierto a novedades que, si no fuera por mi empeño en aprovechar mis últimos momentos, no hubiera realizado ni en cientos de años. Y pensar que, en verdad, todo fue gracias a la sombría chica que acabó en un manicomio, quien me impulsó a abrir los ojos y contemplar el mundo real en el que vivía. Una realidad que, sinceramente, ni se acercaba a mi percepción de la vida plena.

En cuanto el sacerdote terminó de hablar, Oier, uno de mis amigos más cercanos, se levantó y se acercó al altar.

—Todos nos hemos reunido aquí para conmemorar a Koldo —comenzó a decir, micrófono en mano—. Desgraciadamente, ya no se encuentra aquí con nosotros. Para mí, Koldo no era un simple amigo, era una persona a quien admiraba y en quien confiaba plenamente, pues sabía que...

Más amigos míos y Laia, mi novia hasta entonces, pronunciaron unas palabras reconfortantes. Sin embargo, como todos los que se encontraban en la iglesia estaban prestando atención, nadie se percató de la chica rubia de ojos azules que se sumó tardíamente a la ceremonia. Llevaba un vestido negro y unos grandes y ruidosos tacones, su atuendo escondía perfectamente el objeto que secretamente empuñaba en su mano izquierda, oculto por una elegante chaqueta. Su próxima víctima se encontraba cerca, la pregunta era: ¿quién sería esta vez? Sea como fuere, se trata de una historia que no me corresponde ya contar. ❏

www.bizkaia.eus/argitalpenak

Aldiro liburu bat

Oihane Amantegi

AHMED GAZTEA ETA PARI-BANU MAITAGARRIA

Miren Estibaliz Vivanco Ramírez

Lehenengo saria

SINMURGH

Oskar Gaztelu Bilbao

Bigarren saria

ALEPOKO GIZONA

Xabier Giménez Sasieta

Hirugarren saria

Bizkaia

foru aldundia
diputación foral

© Oihane Amantegi Uriarte, 2025
© Miren Estibaliz Vivanco Ramírez
© Oskar Gaztelu Bilbao
© Francisco Javier Giménez Sasieta
© Bizkaiko Foru Aldundia

Edizioa: Bizkaiko Foru Aldundia
        Euskara, Kultura eta Kirol Saila

Lehenengo edizioa: 2025eko abendua

Azala: Mikel Apodaka
Diseinua: Álex Oviedo

ISBN 978-84-7752-768-8
LG BI 01583-2025

www.bizkaia.eus/argitalpenak

«ESTA HISTORIA LA ESCRIBES TÚ/JARRAITZEKO PREST? ORAIN ZURE TXANDA DA» LELOA DUEN BIZKAIDATZ 2025 XVII. LITERATURA SARIA

Hamazazpigarren BizkaIdatz Literatura Sarian, euskarazko kontakizunen modalitatean, Oihane Amantegi Uriarte, Borja Alonso Vaamonde eta Gonzalo Arranz Ayala osatutako epaimahai kalifikatzaileak Oihane Amantegi Uriarte idazlearen "ALDIRO LIBURU BAT" izenburuko kontakizunaren jarraipena diren lan hauek saritzea erabaki du:

Lehenengo saria,
MIREN ESTIBALIZ VIVANCO RAMÍREZek idatzitako
"AHMED GAZTEA ETA PARI-BANU MAITAGARRIA"
izenburua duen kontakizunari.

Bigarren saria,
OSKAR GAZTELU BILBAOk idatzitako
"SINMURGH" izenburua duen kontakizunari.

Hirugarren saria,
FRANCISCO JAVIER GIMÉNEZ SASIETAk idatzitako
"ALEPOKO GIZONA" izenburua duen kontakizunari.

Eta hala jasota gera dadin, honako hau sinatu dute, Bilbon,
2025eko urriaren 23an

AURKIBIDEA

Aldiro liburu bat

Oihane Amantegi

OIHANE AMANTEGI, Gizarte eta kultura antropologoa formazioz, idazlea eta irakaslea ofizioz. 2020an eman zuen argitara bere lehen eleberri laburra, *Ibaiertzeko ipuina* (Elkar); Bilboko Liburu Azokako Zazpi Kale Saria irabazi zuen harekin, eta galegora itzulita dago egun. 2023an argitaratu zen bere bigarren liburua, *Cayo Hueso* (Elkar), Eusko Jaurlaritzak nobela laburrak idazteko ematen duen laguntzarekin. Elkar argitaletxeak eta Beasaingo Udalak antolatzen duten Igartza Sariko epaimahaikide izan da 2021. eta 2022. urteetan. Gaur egun ohiko kolaboratzailea da *Berria* egunkarian.

Bizitzak buelta asko ematen ditu: ezusteko bueltak, askotan. Hori diotsa bere buruari Arantxak, goizeko kafea prestatzen ari dela. Ehogailuan sartzen ditu kafe aleak eta zaratak lasaitu egiten du; etxekoa egiten zaio goizeko soinu hori. Kafetera sutan jarri eta sukaldeko mahai bueltara esertzen da, esperoan. Bizitzak buelta asko ematen ditu. Iragan dira dagoeneko sei hilabete senarra hil zitzaionetik, eta goizeko erritualak oraindik bere akordu gordina ekartzen dio: senarrak prestatzen zion kafea goxo. Bien artean husten zuten kafetera goizetan, hitz handirik ere egin gabe, Arantxari kosta egiten zaiolako egunera iratzartzea. Gauekoa da gehiago. Ohezalea da oso. Goizetan animalia geldoa lez mugitzen da; nagiak ateratzen ditu etengabe katu etxekotuen antzera. Tatarrez

lekualdatzen da logelatik eta komunera; komunetik eta sukaldera; sukaldetik eta egongelara. Kaferik gabe ezingo luke.

Usaina etortzen zaio lehenengo; kafe-makina italiarraren txistu-hotsa, gero. Arantxak sentsazioa dauka senarrari kafea goxoago geratzen zitzaiola, lodiago edo. Berea urez beteago edo gelditzen da, ahulagoa bezala. Ez du lortzen senarrak ateratzen zion gorputza ateratzerik. Ikasi egin beharko du hori ere, senarraren falta daukanetik berriz ere ikasi behar izan dituen beste hainbeste gauzarekin batera.

Periodikoa leitzeko ohitura dauka oraindik ere, paperean. Egunero uzten diote buzoian, lehen orduan. Gosaldu ondoren jaisten da haren bila eta patxadaz irakurtzen du gero, egongelako besaulkian lasai eserita. Gaur ez dakar berri onik egunkariak: gerra-hotsak han eta hemen, gosea, errefuxiatuak eta migrazio behartuak. Ziztada sentitzen du bihotzean. Nabarmen igartzen du, bere besaulkian eserita, ezer ezin duela egin bera baino askoz handiagoak diren arazo batzuen aurrean, eta etsigarria zaiola irakurtzen duena. Boom. Bonba bat bere egongelaren erdi-erdian.

Kalera ateratzea erabaki du Arantxak eta on egin dio neguko haize freskoak. Ibaiadarreko pasealekuan ibili da, ibaiak itsasora egiten duen bidearen noranzkoan; urtarrileko eguzkiak oso behean jarraitzen du egoten, baina zerua garbi-garbi dagoenez, berotzen du zertxobait, gutxi bada ere. Beroki lodia darama aldean, bota beroak oinetan. Nekatua sentitu denean, egurrezko banku batean eseri da, kaioei begira.

Alboan eseri zaionean, Arantxa apenas ohartu da

haren presentziaz. Badago jendea kasik egon gabe egoten dakiena; isilik mugitzen dena; atentziorik ematen ez duena; ikusia izan nahi ez balu bezala esertzen dena egurrezko bankuetan. Gaztea da, hogeita hamar urteren bueltan ibiliko da, eta garai-garaia ere bada. Luzeak ikusten zaizkio hankak. Betetzen ez dituen galtza bakeroak dauzka aldean eta irribarre egin dio Arantxari elkarri begiratu diotenean. Segituan, patxadaz atera du liburu bat motxila zahar batetik eta irakurtzeari ekin dio. Arantxak ez du hasiera batean liburua zein hizkuntzatan idatzia dagoen ikusten. Jakin-mina piztu zaio, baina ez du gazteari begira geldituk nahi izan: diskrezioz jokatzen du Arantxak beti. Ibaian finko dauka begirada, gazteak irakurtzen jarraitzen duen artean. Arraroa suertatzen zaio hain eroso egotea, normalean oso deserosoa suertatzen delako pertsona ezezagun batekin kaleko banku bat partekatzea; nahiko leku intimoa da, izatez. Gaztearekin ez, ordea; gaztearekin eroso sentitzen da Arantxa hasiera-hasieratik.

Begiak ixten ditu, neguko eguzkia hezurretaraino nola sartzen zaion sentitzeko. Betazaletan nabaritzen du berotzen, eta masailetan, eta bular inguruan ere bai. Gauza gutxi dago neguko eguzkia baino plazerekoagorik. Luze egon da horrela, edo luze suertatu zaio, behintzat, eta begiak ireki dituenerako joana da gaztea. Joana da, liburua bankuan ahaztu duela. Eskuetan hartu du Arantxak liburua: zaharra da, eta zahar eta heze usaina darie orrialde horituei. Arabieraz dago idatzia. Zer egin gelditu da, liburua bertan utzi edo berarekin eraman; ez luke nahi gazteak liburua galtzerik, eta bankuan uzten badu batek daki nork

hartuko duen eta non bukatuko duen. Hartu egin du, beraz. Etxera eramango du, eta bihar berriz gerturatuko da banku berberera, mutil gaztea agertuko balitz hari liburua itzultzera.

––––––––

Afalostean, infusio lasaigarria hartzen ari dela, gaztearen liburuari erreparatu dio Arantxak eta altzoan hartu du; letrak ulertzen ez baditu ere, ilustrazio eta grabatuak ezagunak zaizkio: *Mila gau eta bat gehiago* da gazteak bankuan abandonatu duen liburua. Azkar joan zaio memoria gazteago zen garaietara, senarrak eta biek liburuko ipuinak elkarri kontatzen zizkioten egunetara: gauetan, loak hartu baino lehen, ipuin bana aukeratzen zuten, eta goxo leitu batak besteari. Dardara ezti batek hartu dio gorputza eta irribarre egin du infusioaren ke artean. Senarrari eskaini dio irribarrea. Pena gutxi sentitzen du egunokin, ez bada hura ezagutu izanaren eta harekin bizitza erdia konpartitu izanaren plazera eta akordu eztia. Eta horrela, iraganeko altxor bat berriro esku artean laztanduta, oheratu egin da Arantxa, eguneko nekeak uxatu eta hurrengo egunerako indarrak hartzera.

––––––––

Ahmed goizetik esnatu da, egunero lez. Goizetik esnatu da, baina ez du inorako presarik: inor ez dauka zain lanean hasteko, lanik ez duelako; inork ez du bere presentzia

eskatuko zaindua sentitzeko, emaztea eta seme-alabak urrun dituelako. Duela sei hilabete Siriatik etorri zenetik, mundu arrotzean bizi da. Bilboko kaleek ez dute inongo antzik bere Alepoko kale-bazter eta plazekin; Bilboko elizak eta Bilboko elizen kanpandorreak ez dira Alepoko meskita eta minareteak. Ez dago errezorako deirik kaleetan. Usainak ere hain dira diferenteak, ezen beste mundu batean bizi dela sentitzen baitu.

Gatazka luzeak gogor zigortutako herria atzean utzi eta Euskal Herrira ailegatu denetik, lan bila ibili da Ahmed, bizitza berria eraiki eta etxekoak berarekin ekarri ahal izateko. Medikua da formazioz, eta medikua izan da ofizioz jaioterrian. Bilbon, ordea, edozein lan egingo luke; lanik emango baliote, bederen.

Beste bost herrikiderekin konpartitzen duen pisu zaharreko sukaldera sartu da eta tea prestatu du errritualean. Joanak dira denak eta isilik dago etxea, ez bada bloke zaharrean bizi diren bizilagunek ateratzen dituzten zaratengatik. Gaizki isolatutako etxebizitzak dira denak, eta haurtxoen txilioak, helduen oihuak, eskaileretako pausuak eta ate-hotsak, denak ala denak entzuten dira nabarmen. Tea edan eta logelara itzuli denean, hutsik aurkitu du mesanotxea: non dauka emazteak oparitutako liburu zaharra? Bertan behar luke. Atzo gauean, nekatua zegoela-eta, ez zuen irakurtzeko tarterik atera eta ez zuen haren falta sumatu. Larritu egin da. Edizio berezia da, emazteak Alepoko bazar batean aurkitu zuena, ezkonberritan Ahmedi opari egiteko.

Mekanikoki aurreko egunean egindakoak errepasatu

eta segituan etorri zaio itsasadarrera begirako bankuaren irudia. Bertan eseri zen atzo liburua irakurtzera, itxura atsegineko emakume helduaren ondoan. Tea bukatu eta kalera atera da agudo.

——————

Goiz hartan aurreko eguneko banku berberean egin zuten topo Ahmedek eta Arantxak. Zain zegoen emakumea gazte siriarra ailegatu zenerako; alboan eseri zitzaion Ahmed irribarrez eta Arantxak liburua itzuli zion, tratu zahar bat ixten duenak pareko. Eskerrak eman zizkion mutilak emakumeari, gaztelania traketsean; gero, liburua berokiko patrika zabalean gorde eta hain berezia zitzaion ale haren istorioa kontatzeari ekin zion. Eta gero, berriketan jarraitu zuten. Luze, sakon eta zabal hitz egin zuten goiz hartan: Siriako egoeraz, gaztearen familiaz, Euskal Herrian topatutako zailtasunez, Arantxaren alarguntzaz eta liburuez, batez ere liburuez. Arantxak ezagutzen ez zituen mila libururi buruz hitz egin zion Ahmedek, bere jaioterriko poetez, literatura klasikoaz eta azken hamarkadetako altxorrez; Arantxa *Mila gau eta bat gehiago* berriz aurkitu izanaren sorpresaz mintzatu zitzaion Ahmedi, zenbaterainoko berezia zen beretzat eta zenbat gauza mugiarazi zizkion.

Lagun zaharrak bailiran aritu ziren, lagun berri egiteko.

Eta lagun berri eginda, egunero elkartzen hasi ziren itsasadarrera begirako bankuan, elkarri konpainia egitera. Arantxak deliberatu zuen Ahmedi hizkuntzarekin

laguntzea, lagun ziezaiokeenean, eta horretarako, liburu bat ekartzen zion astero-astero, irakur zezan. Ahmedek zorrotz errespetatzen zuen egutegia, liburutegi batean itzulera-zigilua jarriko baliote bezala, eta astea igarota bueltan eramaten zion alea Arantxari. Eta liburua bueltatzearekin batera, hark eragindakoa kontatzen zion emakumeari eta autoreei buruz jarduten zuten; argumentu lau edo bihurriagoei buruz; pertsonaiak eraikitzeko baliabideei buruz; literaturak pizten zien suari buruz, funtsean.

Arantxak, asteak igaro ahala, nabarmen ikusi zuen Ahmed gazteak hizkuntzarekin egin zuen aurrerako saltoa: bizkorrago eta trebeago zebilen ordurako, esan nahi zituenak zehaztasunez eta dotoreziaz esaten zituela. Hiztegi oso bat, gramatika oso bat, sintaxi oso bat egin zion opari emakume helduak, eta desertuan edaten den ura bailitzan hartu zuen gazteak.

Harik eta egun batean, Arantxa ez zen eguneroko zitara agertu.

Ahmed gaztea eta Pari-Banu maitagarria

Miren Estibaliz Vivanco Ramírez

Lehenengo saria

MIREN ESTIBALIZ VIVANCO RAMÍREZ Bilboko idazle eta hizkuntza-irakaslea da. Bere ibilbide profesionalak haren bi pasioak uztartzen ditu: hezkuntza eta literatura. Ingeles Filologian lizentziaduna, egun irakasle dabil Bilboko Miguel de Unamuno institutuan, eta lan hori idazketarekin konbinatzen du, batez ere haur eta gazte literatura jorratuz. Bost liburu argitaratu ditu: *Argixorgin, Eireren egunerokoa, Infernurantz, Egun gorriak* eta *Dakota eraikinean*, Elkar eta Begiko argitaletxeetan.

Ahmed itsasadarrera begirako bankuaren aurrean geratu zen parez pare, mugitu gabe. Joana
zen jada elkarrekin geratzeko ordua, eta ez zegoen emakumearen arrastorik. Gazteak ez zekien zer egin, ezta zer pentsatu ere. Ez zeukan Arantxarekin
kontaktuan jartzeko modurik. Irakurketak partekatu zituzten hilabete horietan guztietan, emakumeak behin ere ez
zion bere buruari adiskidetasunaren muga gainditzen utzi.
    Berrogei bat ordu lehenago gertatu zen dena, banku
horretan bertan. Arantxak ustekabeko proposamena egin
zion, ohi baino tonu apalagoan mintzatuz, hitz bakoitzaren
zaporea dastatzen ari balitz bezala:
    —Azken hilabeteotan ikaragarri hobetu zara, Ahmed.
Zeure irakaslea izan naizen aldetik, izugarri harro nago.

Ospatu beharko genukeela uste dut! Nirekin afaldu nahiko zenuke bihar? Ezagutzen dut leku txiki bat Alde Zaharrean, San Anton elizatik gertu. Ez da beste munduko jatetxea... baina arrain bikaina prestatzen dute.

Mutilak baiezko keinua egin zion, hitz egitera ausartu gabe. Orduan Arantxak beroki lodiaren poltsikotik boligrafo bat atera zuen, aspaldi gordetako arte erakusketa baten eskuorri zimurtuarekin batera. Liburuxkari orri zatitxo bat kendu eta jatetxearen izena idazteari ekin zion kaligrafia irmoz.

—Leku lasaia da. Biharko erreserba egingo dut, zortziak aldera. Hantxe ikusiko dugu elkar.

Ez zuen besterik erantsi. Ez zion hitzordua konfirmatzeko eskatu. Ez zion telefono-zenbakia eman. Paper zati hura baino ez zion utzi, kontu handiz tolestua, ordura arte itxita egondako ate baten atalasea zeharkatzera gonbidatzen ari balitzaio bezala.

Ahmedek sentsazio gazi-gozoaz gorde zuen papera. Gau hartan ez zuen apenas lorik egin. Bere emazte Aminarekin oroitu zen; Racharen begi ilunekin; Omraren barrearekin, bideo-deietan igarkizunetara jolasten zirenean. Gogora etorri zitzaion euren Alepo ekialdeko auzoa: eraikin birrinduak, argi-mozketak, familia hautsien hondarrak arrastaka zeramatzaten emakumeak... Toki seguru batera ekarriko zituela hitzeman zien. Eskola, ospitaleak eta ongi hornitutako hozkailua izango zituen bizitza eskaini nahi zien. Eta, halere, hurrengo egunean Arantxarekin afaltzeko hitzordura joatea erabaki zuen Ahmedek.

Jatetxea txikia zen, familiartekoa, Arantxak deskribatu bezala. Lihozko mahai-zapiak zituen, eta jangelan inguruko

elkarrizketen marmar leuna entzuten zen. Ahmed iritsi zenerako, emakumea jada eserita zegoen. Bufanda urdin iluna zeraman, eta ilea solte, Ahmeden harridurarako.

Arantxak ardo zuria eskatu zuen; Ahmedek, ura. Min ematen duten hitzez aritu ziren; sendagarriak diren ipuinez. Ostean, ohikoa zuten errituala errepikatzera joango balira bezala, Arantxak fotokopiatutako orri batzuk poltsatik atera eta mahai-zapiaren gainean jarri zituen kontu handiz. *Ahmed gaztea eta Pari-Banu maitagarriaren* ipuina zen.

Txandaka irakurtzeari ekin zioten, betiko lez. Honako honetan, baina, pertsonaiak Mendi Sorginduan sartu ahala, Arantxa eta Ahmeden begiradak gurutzatzen hasi ziren. Batzuetan, hitzak dardarti ateratzen ziren mutilaren ezpainetatik; ez lexikoa zailegia zelako, hunkituta ahoskatzen zituelako baizik. Bazebilen zerbait airean, ipuinaz haraindi zihoana; jatetxeko musika goxoaz haraindi. Pasabide berria zabaltzen ari zen euren aurrean, arriskutsua izan litekeena.

Istorioa aurrera zihoan: Ahmed printze gaztea munduko objekturik miragarrienaren bila abiatzen ari zen anaiekin batera, aitak bidalita. Basoan galduta zebilela, Pari-Banuko jauregi ikusezina aurkitu zuen. Bertan, maitagarri batek salbatu eta haren mundu sekretuan babestu zuen. Euren artean ezinezko maite-garra sortu zen. Zoritxarrez, printzeak gortera itzuli behar zuen, nahiz eta gorputz eta arima maitagarriarekin geratu nahi...

Ahmed eta Arantxaren ahotsak irakurketa goxoan txandakatu egiten ziren; gainjarri; ukitu. Harik eta, txanda aldaketa horietako batean, elkarri fotokopiak pasatzean, eu-

ren hatzek ustekabean topo egin zuten arte. Hori besterik ez zen izan: ezusteko igurtzi xume batek sortutako kontaktu elektrikoa; azala azalaren kontra. Baina nahikoa eta sobera gertatzen ari zenaz kontura zitezen.

Elkarri begiratu zioten, eskuak aldentzera ausartu gabe. Azpimarratuta zegoen pasarte batean, Pari-Banu maitagarriak abisu bat ematen zion printzeari: *"Nirekin geratu nahi baduzu, ezagutzen duzun munduarekiko lotura oro apurtu beharko duzu. Ezinezkoa zait gizakien artean bizitzea"*. Ahmedek begiak altxatu eta emakumearen begirada sarkorrarekin egin zuen topo. Segundo batez, iruditu zitzaion istorioa kontatzen ari zena ez zela ipuineko maitagarria, Arantxa baizik.

Berba egin gabe atera ziren jatetxetik. Zazpikaleetan barrena ibiltzeari ekin zioten astiro, irakurritako narrazioaren oihartzunak oraindik ere bihotzean taupaka. Areatzako parkea gurutzatu zuten isilean, Nerbioiko urak esatera ausartzen ez ziren hitzak eroango balitu bezala. Udaletxearen islak ñir-ñir egiten zuen uraren korronte ilunetan. Farolen argi zurixkak apaindutako banku baten parean geldittu ziren; euren bankuan. Aste batzuk lehenago dena hasi zen lekuan.

—Arantxa —deitu zion Ahmedek, inoiz baino ahots tonurik baxuenean.

Emakumeak ez zion erantzun. Bere poltsa miatu eta zatar-paperetan bildutako pakete txikia atera zuen, xingola urdin fin batez lotua. Mutilari eskaini zion, begietara begiratu gabe. Ahmedek paketea ireki zuen esku urduriez. Liburu bat zen.

—*Mila gau eta bat gehiago...* euskaraz —xuxurlatu zuen irribarretsu.

Azaleko irudiak atentzioa eman zion: Ahmed printzea eta Pari-Banu maitagarria elkar musukatzen agertzen ziren, sutsuki, izarrez beteriko zeru baten azpian. Bazegoen irudi hartan zeharo aztoragarria zen zerbait: bi maitaleek Ahmed eta Arantxarekin zuten antz bitxia, norbaitek orrialdeen eta euren bizitzen artean ispilu bat jarri izan balu bezala. Orduantxe konturatu zen liburu hura euren bizitzaren maitasun istorioen isla zela. Ahmedi Amina emazteak arabieraz irakurtzen zion ezkonberriak zirenean. Eta Arantxak, gaztearekin izandako lehen topaketan, aipatu zion senarrarekin gauero euskaraz irakurtzen zuela, ahots goraz.

Opariak nahastuta utzi zuen Ahmed. Ez zekien hura Arantxaren agur esateko modua ote zen, maitasun-aitorpena ala euren artean sortzen ari zen konexioa azaleratzeko keinu desesperatua.

Ez zen musurik egon; ezta besarkadarik ere. "Agur" isil bat besterik ez, xuxurlatua ia. Eta horrela, Arantxa eta Ahmed elkarrengandik aldendu ziren, bakoitzak azalaren azpian ipuin desberdina zeramala.

————————

Orain Ahmed euren banku hutsaren aurrean zutik zegoen, pentsakor. Ordura arte geratu ziren guztietan, Arantxa oso puntuala izan zen. Ez zen bere estiloa hitzordu batera abisatu gabe huts egitea. Burura etorri zitzaion beharbada emakumea atzeratu egin zela, edo ezusteko zerbaitek geldia-

razi zuela: dei batek, zorabio batek, ustekabeko bisita batek.

Hurrengo egunean leku berean eseri zen berriro, liburua esku artean zuela, baina Arantxa ez zen inondik ageri. Zenbait egunez, Ahmedek errutu bera errepikatu zuen. Gero eta fede gutxiagorekin, gero eta galdera gehiagorekin joaten zen euren topalekura. Batzuetan, Ahmedek emakumea gaixorik zegoela imajinatzen zuen; edo haren familiako norbaitek laguntza behar zuela. Bere buruari sinestarazten saiatu zen pisuzko arrazoiren bat egon behar zela Arantxa ez agertzeko. Baina isiltasun hura zama bat bezala astuntzen hasia zitzaion. Afari hura despedida moduko bat izan ote zen galdetzen zion bere buruari. Emakumeak ere bertigo bera sentitu ote zuen? Norbera berriz ere maitatzera ausartzen denean irekitzen den amildegi txiki hura?

Agian Arantxak senarrarengan pentsatu zuen; euren zinema arratsaldeetan; oheratu aurretik ozenki irakurtzen zituzten liburuetan. Agian irudit zitzaion traizio egiten ari zitzaiola Ahmedekiko zerbait sentitzen zuela onartzean. Berak Amina eta seme-alabei bezala; egindako promesa guztiei bezala.

———————

Goiz batean, zain egoteaz, aspertuta, Arantxaren bila joatea erabaki zuen. Gogoratzen zuen emakumeak behin, zeharka bezala, Adiskidetasun kalean bizi zela aipatu ziola. Ez zion bestelako daturik eman; ez zenbakirik, ez abizenik, ez lagungarri izan zekiokeen beste erreferentziarik ere; baina horrekin aski zuen.

Areatzako zubia zeharkatu eta Adiskidetasun kalera heldu zen. Izenak dardara txiki bat eragin zion; hitz soil baina era berean lagunkoi hark misterioz betea zirudien orain. Ahmed kaleko atarien paretik ibiltzen hasi zen patxadaz, buzoi eta leihoetan Arantxaren zantzuren bat aurkitzeko itxaropenaz. Denda batean sartu eta ur-botila bat erosi zuen. Saltzaileak kanbioa itzuli zionean, galdetzera ausartu zen:

—Barkatu... Hemendik bizi den emakume baten bila nabil. Arantxa du izena. Unibertsitate-irakaslea da, adin ertainekoa... Ilea motots batean bildua eraman ohi du.

Saltzaileak zalantza egin zuen une batez. Ondoren, buruaz ezezkoa egin zion adeitasunez, beste ezer erantsi gabe. Okindegian ere galdetu zuen. Bertan lan egiten zuen emakumeak arretaz entzun zion, erantzun aurretik ezpainak apur bat zimurtuz:

—Arantxa? Ez zait ezaguna egiten. Adin horretako irakasle nahikotxo bizi dira hemen... Haren ikaslea zara, ala?

—Zera... laguna baino ez naiz —bota zuen Ahmedek zalantzati.

Emakumeak goitik beherako begiratu sotila eman zion. Jarrera atsegina izan zuen, baina hotz samarra, apur bat mesfidatia; "lagun" batek bestearen telefonoa edo helbidea ez izateak koadratuko ez balio bezala.

Ezin zitekeen esan auzokideak adeigabeak izan zirenik; izan ere, euretako inork ez zion Ahmedi erantzun ezegokirik eman. Eta, hala ere, izandako elkarreraginetan nolabaiteko arroztasun edo tentsiozko ñabardura bat sumatu zuen gazteak. Bazirudien denek galdetzen ziotela euren buruari

zertan ote zebilen bera bezalako errefuxiatu bat kale hartan. Zein lotura egon zitekeen bertoko emakume baten eta azentu arabiar nabaria zuen gazte haren artean? Inork ez zion zuzenean adierazi, ordea; ezta beharrik ere.

Gau hartan, harrera-etxera itzultzean, Ahmedek mesanotxean utzi zuen liburua. *Mila gau eta bat gehiago.* Azala laztandu zuen. Bat-batean, objektua mardulago bilakatu zela iruditu zitzaion; pisuzko sekretu bat gordetzen ari balitz bezala.

Pisukideetako batek, Karimek, isekaz galdetu zion mutilari:

—Zer moduz joan da, Ahmed? Aurkitu duzu zure "laguna"?

Mutilak buruari eragin zion, begiak altxatu gabe. Ez zuen azalpenik emateko batere gogorik. Zoubirrek, platerak garbitzen ari zen beste kide batek, sukaldetik hots egin zion:

—Bidaian joango zen, agian. Edo, beharbada, ez zaitu gehiago ikusi nahi, eta kitto. Auskalo!

Ez zuen maltzurkeriaz esan, batzuetan minetik babesten gaituen zakarkeria praktikoarekin baizik; eta, halere, Zoubirren esaldi hura giroan flotatzen geratu zen, hodei ilun baten antzean. Ahmedek ez zuen ezer erantzun. Ohean etzan eta sabaiari begira geratu zen. Otoitz egiten saiatu, baina ez zitzaizkion errezoen hitzak ateratzen. Hutsune handia besterik ez zuen sentitzen; azaldu ezinezko absentzia bat.

————————

Hurrengo egunean, Adiskidetasun kalera itzuli zen. Eta

orduan, adreilu zaharrez osatutako eraikin baten aurrean pausatzean, argi ikusi zuen: Arantxa ez zegoen; betiko desagertua zen. Eta Ahmeden zati bat ere berarekin joana zen. Egun hartatik aurrera ez zen berriro haren bila atera. Ez zuen beragatik gehiago galdetu; ez zuen ate gehiagorik jo. Hargatik, ez zuen emakumea ahantzi. Kontrara: haren irudia gero eta argiago ikusten hasi zen, gutxien espero zuen espazioetan: kaleetako itzaletan, hostoen mugimendu dardartian, zebrabidea gurutzatzen zuten emakumeen bufandetan... Baina, batez ere, liburuen orrialdeetan.

Gau batez, Ahmedek berriro ere ireki zuen Arantxak oparitutako *Mila gau eta bat gehiago*ren alea, kontsolamendu edo aterpe bila, agian. Mugikorreko itzultzailearen laguntzaz, liburuko ipuinik ezezagunetariko bat leitzen hasi zen, aspaldi irakurria zuena. Kontakizunak aurrera egin ahala, ordea, zerbaitek aztoratu zuen Ahmed. Istorioa ez zen oroitzen zuen modukoa. Euskarazko itzulpenean xehetasun eta ñabardura desberdinak zeuden. Kontakizunaren giroa malenkoniatsuagoa zen, eta esaldiei naturaltasun berezia zerien: etxekoak balira bezala sentitzen zituen. Esaldi zaharren artean, Arantxak berari zuzendutako berbak txertatu zituela iruditu zitzaion.

Ipuinak bidaiari baten istorioa kontatzen zuen; basamortua zeharkatu ondoren, denbora zintzilik dagoela dirudien hiri batera iristen den bidaiariarena. Bertan emakume bat ezagutzen du, eta honek oroimenaz, desioaz eta istorioak kontatzeko arteaz hitz egiten dio, bizirik sentitzeko baliabide moduan. Ipuinean, emakumea desagertu egiten da bidaiaria harengana hurbiltzen saiatzen den bakoitzean. Liburuetan,

harresietan eta hondakinetan ezkutatuta utzi dizkion hitzak irakurtzean soilik gogoratzen da emakumearekin.

Ahmedek liburu irekia mesanotxean utzi eta azalari begira geratu zen. Kontu handiz laztandu zituen orriak, horietan burutik kendu ezin zuen emakumearen aurpegia ukitu ahal izango balu bezala. Zenbat eta gehiago irakurri, orduan eta seguruago zegoen liburu hura ez zela edonolakoa; *bere* liburua zen; *bere* istorioa. Eta bazirudien Arantxa ipuin haren bidez zuzenean hitz egiten ari zitzaiola.

———————

Arratsalde euritsu batean, dei bat jaso zuen Osakidetzatik.

—Ahmed Al-Halabi doktorea? Errekaldeko osasunzentrotik deitzen dizugu. Zure dokumentazio homologatua iritsi zaigu. Ordezkapen luze bat betetzeko plaza atera da. Lan egiteko egoeran zaude?

Ezetz esateko zorian egon zen; oraindik ez zegoela prest; denbora gehiago behar zuela hizkuntza menperatzeko. Baina beste aldeko ahotsak ez zuen zalantzarik onartzen. Eta Ahmedek, agian inertziaz edo sentitzen zuen hutsune sakonaren zama astintzeko gogoz, baietz erantzun zion.

Hurrengo astelehenean hasi zen lanean. Hilabetetan sentitu ez zuen energiaz esnatu zen lehen egunean. Bizarra tentuz egin, alkandorarik dotoreena aukeratu eta garaiz iritsi zen anbulatoriora. Korridoreei desinfektatzaile eta euri usaina zerien. Erizainek adeitasun eta jakin-min nahasketa batez eman zioten ongietorria.

Kontsultetan zegoenean, Ahmedek kontzentrazio osoz

lan egiten zuen. Arretaz entzuten zituen pazienteen sintomak; pultsu tinkoaz idazten zituen errezetak; patxada osoz azaltzen zizkien tratamenduak. Lanpetuta egotea eskertzen zuen, horrek ameskeriatan ez ibiltzen laguntzen baitzion. Gauetan, alabaina, etxera itzultzean, liburua irekitzen zuen berriz ere.

Eta ipuin berri bakoitzean —oraindik ere agertzen baitziren, harrigarriro, ipuin berriak— beti topatzen zuen hitzen bat, irudiren bat, oihartzunen bat... harengana eramaten zuena; Arantxarengana.

Behin, amets egin zuen Arantxak huntzez estalitako harrizko leiho batetik deitzen ziola, eta irakurtzen jarrai zezan eskatzen ziola; ez gelditzeko; berarekin gogoratzen zen bitartean, ez zela guztiz desagertuko. Begiak malkoz blai zituela esnatu zen Ahmed. Goiz hartan, semeari deitzea ahaztu zitzaion haren urtebetetzeagatik.

———————

Arin pasatzen zitzaizkion egunak anbulatorioan, bata bestearen atzetik, erritmo bizi eta suspergarrian. Gaitz arruntek —gripeek, lunbalgiek, gaizki kontrolatutako hipertentsioek— Ahmed mundu errealarekin lotzen zuten. Miaketa-gelan, tentsiometro eta fonendoskopio artean, berriz ere sentitzen zuen bere bizitzak bazuela helburu bat. Medikua zen orain, erbesteratu soila beharrean; itsasertzean flotatzen ari zen gorpua beharrean.

Errutinak nolabaiteko egonkortasuna eman zion. Hobeto egiten zuen lo, gogoz jaten zuen eta zeladoreen txantxa

batzuk ulertzen ere hasi zen. Euskara hizkuntza misterio-
tsua iruditzen zitzaion oraindik, baina apurka-apurka haren
fonetika indartsura eta jada hain arrotza egiten ez zitzaion
hiriaren etengabeko zurrumurrura ohitzen ari zen.

Orduantxe erabaki zuen Alepoko familia Bilbora ekar-
tzeko izapideekin hasteko garaia zela. Gehiegi atzeratu zuen
jada betebehar hura, tristura, ziurgabetasuna eta baliabide
falta zirela eta. Ordura arte ezinezko labirintoa begitantzen
zitzaiona bestela ikusten zuen orain. Anbulatorioko lanaren
ondorioz izango zen, agian; edo aldaketa sakon batek
eraginda.

Arratsalde batean, Aminak ustekabeko berria eman zion:

—Badakizu, Ahmed? Badago hemen euskalduna den
emakume bat, paperekin laguntzen ari zaidana. GKE bateko
furgonetan etortzen da egunero. Oso atsegina da; berari es-
ker, badirudi dena aurrera doala! Zorte apur batekin, agian
laster Bilbon izango gaituzu.

Ahmed airerik gabe geratu zen bat-batean.

—Benetan? Nola du izena? —galdetu zuen jakin-mina
ezkutatu nahian, arnasari eutsiz:

—Ez dakit. Ez digu bere buruaz gauza handirik esaten.
Laguntza emateko asmoz etortzen da, besterik gabe. Oso
ongi egiten du ingelesez, eta arabierarekin ere moldatzen
hasi da... —Aminak etenaldia egin zuen—. Umeek biziki
maite dute! Istorioak kontatzen dizkie, lekualdatzeetan bel-
durtu ez daitezen.

Ahmedi bero-bolada bat igo zitzaion bularretik. Ilusio
gehiegirik ez izaten ikasi zuen azkenaldian. Une hartan, or-
dea, haren baitan zerbaitek esaten zion bazegoela aukera-

izpiren bat emakume hura Arantxa izateko. Ez. zuen ezer esan. Aminari baiezkoa egin zion buruaz, eskerrak eman eta berri gehiagorik izatekotan lehenbailehen abisatzeko eskatu zion.

Gau hartan irakurritako ipuinean, izenik gabeko emakume batek zauritutako gizon atzerritar baten loa beilatzen zuen. Begi urdinak zituen, esku sendoak, eta hitz ulertezinak xuxurlatzen zizkion gizonari; sendagarriak ziren hitzak.

———————

Hurrengo egunean, anbulatorioko ohar-taulan, Ahmedek iragarki bat ikusi zuen, diabetearen inguruko informazio-kartelaren ondoan: "Pisua alokairuan. Ondo kokatutako auzoan. Argitsua. Familientzako aproposa". Ez zuen gehiegi pentsatu. Telefono-zenbakira deitu eta hurrengo egunerako hitzordua eman zioten.

Pisua ez zen handia, baina bazuen funtsezkoena: gela bi, barruko patiora ematen zuen sukaldea, azulejo berdez apainduriko bainugela eta egongela bat, Artxanda mendiaren izkina bat ikusgai zuena. Nahikoa iruditu zitzaion eta, batez ere, berriro hasteko aukera paregabea. Betetzen hasia zen, azkenik, familiari egindako etorkizunerako promesa.

Arratsaldeetan, anbulatorioko txanda bukatu ondoren, Ahmed lan-tresnaz beteriko motxilarekin joaten zen apartamentura. Hormak pintatu, leihoetako markoak lixatu eta entxufeak aldatzen hasi zen. Sarritan, Karim eta Zoubir kideek laguntza eskaintzen zioten. Izan ere, bera baino trebeagoak ziren iturgintzan eta, apirileko egun hotzetan, barre eta

kafe espeziatu artean, pisua poliki-poliki itxura hartzen joan zen. Batzuetan musika siriarra entzuten zuten Zoubirren mugikorretik; besteetan isilik geratzen ziren, eginkizunetan erabat konzentratuta, lana bera elkar ulertzeko aski balitz bezala. Haurren gela bukatzeko azken ukituekin ari zirela, alabak bideo-dei batean erakutsitako marrazkia koloretan inprimatu zuen Ahmedek: katu laranja baten irudia zen, begi izugarriak zituena eta lore bat isatsean. Moldura zuri batez markoztatu ostean, paretan zintzilikatu zuen.

"Hementxe lo egingo duzu zuk, Racha", esan zuen bere kolkorako.

———————

Hegaldiaren konfirmazioa jaso zuen egunean, lasaitasuna eta ezinegona nahastu zitzaizkion Ahmedi. Aminak mezu bat idatzi zion Istanbuletik —bertan egiten baitzuten eskala—, eta ostean beste bat Barajasetik: "Ondo gaude, laztana. Nekatuta. Haurrak lo daude. Laster ikusiko dugu elkar!". Argazki bat ere erantsi zion. Seme-alabak peluxe bati besarkatuta agertzen ziren; atzean Amina, itzelezko begi-zuloekin, irribarretsu.

Ordu pare bat egon zen euren zain aireportuan, loresorta ederra esku artean. Ez zen oroitzen sekula loreak erosi izanaz. Jendartean Amina ikustean, haren neke aurpegiaz aireportuko gurditxoa bultzatzen, eztarria korapilatu zitzaion eta ezin izan zion negarrari eutsi. Hitzik esan gabe besarkatu zuten elkar, gorputz teinkatu eta dardartiz. Umeek denbora gehixeago behar izan zuten aitarekin be-

rriro ere konfiantza hartzeko. Hasieran Rachak errezeloz begiratu zion Ahmedi, eta Omra amaren hanken atzean ezkutatu zen, lotsati. Alabaina, gozoki-poltsa bat erakutsi eta euren arabierazko ezizenak xuxurlatu zizkienean, hesi guztiak erori ziren.

Etxerako bidean, Bilboko zerua guztiz estalita zegoen; eta, hala ere, Ahmedi iruditu zitzaion hor nonbait, hodeiertzean, argi bat zabaltzen ari zitzaiela: erbestea, azkenean, helmuga bihurtu zitzaiela. Eta Ahmedek bazekien dena berari zor ziola; berriro ere familiarekin elkartu zedin posible egin zuen emakumeari; berak ezertarako indarrik ez zuenean ipuinak idazten jarraitu zuenari. Baina oraingoz, seme-alaben arnasotsa entzutea besterik ez zuen eskatzen.

––––––

Bizitzak buelta asko ematen ditu: ezusteko bueltak, askotan. Hori esaten dio Arantxak bere buruari goizeko kafea prestatu bitartean. Kafe-aleak ehotzen jartzen ditu eta makinaren zaratak lasaitu egiten du; etxekoa egiten zaio goizeko soinu hori, Bilbotik hain urrun egon arren.

Ostatuko ezkaratz txikian, kafetera sutan jarri eta mahaiaren bueltan eseri da, zain. Sei hilabete igaro dira jada Alepora joatea erabaki zuenetik, eta goizeko erritual hark oroitzapen ezaguna dakarkio oraindik: Ahmedekin itsasadar aurreko bankuan topo egin aurretik egunero hartzen zuen kafearena. Orain itsasadarra Bilboko zirimiria bezain urrun geratzen zaio. Hemen, kafe zurrupada bakoitzak orainaldira lotzen du: Alepoko hondarretara, salbatutako hau-

rretara, berriro bildutako familietara, GKEaren mahaian pilatzen diren paperetara eta berme baino fede handiagoz mugak zeharkatzen dituzten gutunetara. Baina gauero, lo hartu aurretik, liburua zabaltzen du berriz ere: *Mila gau eta bat gehiago*. Eta, jada irakurritako ipuinen eta oraindik berak asmatzen dituenen artean, beti heltzen da azpimarratutako pasarte berera; han agertzen dira baso amaigabe batean galdutako Ahmed printze gaztea, Pari-Banuko jauregi ikusezina, eta maitagarriaren abisua: *"Nirekin geratu nahi baduzu, ezagutzen duzun munduarekiko lotura oro apurtu beharko duzu. Ezinezkoa zait gizakien artean bizitzea"*.

Batzuetan, Arantxak pentsatzen du bera dela Pari-Banu maitagarria, ezinezko bi munduren artean zokoratuta. Beste batzuetan, bere buruari galdetzen dio ea Ahmed berarekin gogoratuko ote den, edo bere itzala gaztearentzat Alepoko hondakinetan disolbatuta geratuko ote den betiko.

Pentsamendu hori oraindik ere kontzientzia erretzen ari zaio, bat-batean norbaitek atea jotzen duenean. Kolpe leuna izan da, ukitua ia. Arantxa katilua eskuan duela jaiki da, zerbaiti heltzeko beharra sentituko balu bezala. Atea irekitzean, ezin du ikusitakoa sinetsi: hantxe dago Ahmed, aspaldiko desira batek sortutako ilusio baten pare. Bizarra hazten utzi du, eta barrutik erreta dagoen norbaiten begirada piztua dauka.

Higatutako oihal artean bildutako paketea dauka eskuetan. Oihalen azpian, berak oparitu zion liburuaren azal arrakalatua ezagutzen du: *Mila gau eta bat gehiago*.

Une luze batez isilik geratu dira; bietako inor ez da berba egitera ausartu. Arantxaren katiluaren lurruna airean ba-

rreiatu da, euren artean gortina fin bat osatuz. Bi ezezagun ematen dute; bi mamu; oraindik asmatu gabe dagoen ipuin baten bi pertsonaia.

—Ez da posible... —murmuratu du Arantxak bere baitarako, hitzak altuago esaten baditu gaztearen irudia ezabatuko ote den beldur balitz bezala.

Ahmedek irribarre egin du, nekatuta baina, era berean, pozez gainezka. Pauso bat eman du, poliki-poliki mugituz, existitzen ez den pareta bat zeharkatuz bezala.

—Zeure bila aritu naiz, Arantxa —diotsa emakumeari, ipuin bat kontatzen amaitu nahi ez duen kontalariaren ahotsaz—. Zeharo galduta ibili naiz. Mila aldiz galdu izan naiz. Harik eta basoa aurkitu dudan arte; eta zure jauregi ikusezina.

Katiluak eskuetan dardar egiten diola sentitu du Arantxak. Sarrerako mahaitxoan utzi du. Kanpoan, Alepoko hiriak lokartua dirudi, egunsentiaren argi hautseztatuaren azpian. Une batez, ez dago bonbarik, ez pasaporterik, ez inolako mugarik; Ahmed eta Arantxa baino ez dira existitzen, elkarlotuta mantentzen dituen *Mila gau eta bat gehiago* liburuarekin.

Arantxak liburua ireki eta Pari-Banu maitagarriaren abisua irakurri dio: *"Nirekin geratu nahi baduzu, ezagutzen duzun munduarekiko lotura oro apurtu beharko duzu. Ezinezkoa zait gizakien artean bizitzea"*. Haren begiek Ahmedenak bilatu dituzte.

—Munduarekiko lotura guztiak hautsi ditut, Arantxa —esan dio gazteak—. Amina salbu dago, baita umeak ere. Zure laguntzarekin, babesleku bat eskaini ahal izan diet. Baina ni, ni ezin naiz gizakien artean bizi zu ez bazaude.

Arantxak ez daki barre ala negar egin. Hatzekin ukitu du Ahmeden aurpegia, ke artean desegingo ote den beldur. Mutila hezur-haragizkoa dela konprobatu du, ipuinen irrealtasun berean bildua dirudien arren.

—Gera zaitez, orduan —eskatu dio Arantxak, negarrez hasi dela konturatu gabe—. Gera zaitez hemen nirekin. Ahmed eta Pari-Banu bezala, inork aurkitu ezin izango gaituen tokian biziko gara.

Elkar besarkatu dute, eta istant batean gela harresi ikusezinen jauregi bihurtu da. Kanpoan suntsituta dago Alepo, baina hondakinen artean bada leku sekretu bat. *Mila gau eta bat gehiago*ko ipuinak bata bestearen atzetik biraka dabiltza inguruan, hegan egiteari inoiz utziko ez dioten txoriak bailiran. Kafetera irakiten ari da urrutian; inor ez da sua itzaltzeaz akordatu.

Eta, liburuaren barruan, bidezidorrik gabeko baso batean, Ahmed eta Arantxa —Ahmed eta Pari-Banu maitagarria— galdu egin dira berriz ere elkarrekin topo egiteko, mundu osoa bi bihotzen arteko istorio xuxurlatua besterik izango ez balitz bezala.

"Bizitzak buelta asko ematen baititu: ezusteko bueltak, askotan. Eta, batzuetan, buelta horiek, mirakuluz bezala, etxera itzultzen laguntzen digute", murmurikatu du Sherezadek nonbait, haren istorioa betiko irekita utziz, inoiz itzaliko ez den oihartzuna bezala. ❏

Sinmurgh

Oskar Gaztelu Bilbao
Bigarren saria

OSKAR GAZTELU BILBAO (Larrabetzu, 1964). Irakasle ikasketak egina eta Ingeles Filologian lizentziatua. Gaur egun, Geografia eta Historiako irakaslea eta Leioako Helduen Hezkuntzako ikasketa-burua. Hiru sari literario garrantzitsu irabazita: Becerro de Bengoa saiakera saria (2019), *Nire bizitza ni barik lanagatik* (Arabako Foru Aldundiak antolatuta). Miguel de Unamuno saiakera saria (2022), *Heriotzari aurrez aurre begira lanagatik* (Bilboko Udalak antolatuta). Ernestina de Champourcin poesia saria (2023), *Baserria (h) uz (s) ten lanagatik* (Arabako Foru Aldundiak antolatuta).

Arantxa ez zen agertu. Ahmedek egun askotan itxaron zuen lbaiadarreko pasealekuko bankuan. Bihotza estututa. Eskuak elkarri helduta, begiak itsasoari itsatsita. Zer gertatuko zitzaion? Egunak pasatu ziren eta isiltasunak handitu zuen arduraren mamua. Joseba Sarrionaindiaren "Lagun lzoztua" liburua aztertu behar zuten astean desagertu zen Arantxa. Liburu horretan Sarrionaindiak erbestea, memoria, bakardadea eta deserrotzea lantzen ditu. Gai horiek gertu zituen Ahmedek, eta irrikitan zegoen Arantxarekin partekatzeko. Baina Arantxa ez zen agertu.

Isiltasun horretan, bere haurtzaroko oroitzapen bat piztu zitzaion, iluna eta gozoa aldi berean. Alepoko patio txiki batean, bi katu-kume topatu zituen egun batean,

negarrari eusten. Begietan beldurra zuten, gorputza hotzez dardarka. Asteak eman zituen Ahmedek haiek zaintzen: esnea berotzen, maitasunez garbitzen, jolasten, hitz egiten. Goizetan, eguzkia jaikitzen zen bitartean, haien aurpegia garbitzen zien trapu busti batekin, eta arratsaldeetan, etxeko lorategian, eramaten zituen sagarrondoen artean paseatzera. Begietan tristura sakon bat zeramaten, munduak gehiegi min eman izan balie bezala, eta sarritan egiten zuten doministiku. Baina gogoz jaten zuten berak emandakoa eta elkarrekin jolasten ziren, salto bakoitza tristuraren aurkako garaipen bat balitz bezala. Neba-arrebak ziren. Ama bakoak. Elkarri itsatsita egiten zuten lo, agian lehen faltan izan zuten berotasuna bilatuz. Gero, jolasean ibiltzen ziren elkarrekin. Ahmedek gehien maite zuena, ordea, iluntzean etortzen zen. Ahmed etzaten zenean, bi kumeak isil-isilik igotzen zitzaizkion altxora, eta haren bularrean goxo-goxo kokatzen ziren, amaren esnea edaten ariko balira bezala, marrakatzen, larrua txupatzen, zarata goxo bat eginez, bizitzaren erritmo baketsua itzuliz logela isil hartan. Eta egun batean... ez ziren itzuli. Arrasto barik desagertu ziren. Norbaitek, animalia batek agian, eraman egin zituen. Bidegabe. Eta Ahmedek negar egin zuen, lehen aldiz, isilean. Ez katuengatik bakarrik, baizik eta beragatik ere bai: zaintza, lotura, eta gero hutsunea. Maite duzun zerbait ematen dizutenean eta gero kentzen. Horrelakoa da erbestea ere, zatika bizitza kentzen dizun egoera. Eta orain Arantxarekin gauza bera gertatzen zaio. Beste isiltasun bat. Beste desagerpen bat. Eta ez daki nola izendatu mina. Ez daki nola esan agur norbait agurtzera etorri ez zaionean.

Ahmedek, barne beldurra uxatu nahian, Arantxaren bila joatea erabaki zuen. Baina nora? Ez zekien non bizi zen, ezta abizenik ere. Bankua zen haien elkargunea, eta han hutsunea, besterik ez. Egunak pasatu ziren. Egun hotz eta luzeak. Itxaropenaren azken harira lotuta, liburutegia etorri zitzaion burura. Beharbada Arantxak han hartzen zituen liburuak. Beharbada han bazekiten zerbait. Bidebarrietako liburutegira jo zuen Arantxak ekarritako liburuen bila. Eta han aurkitu zuen bere aztarna. Bertan zeuden aukeratutako liburuak, norbaitek aukeratuta eta ipinita sarrerako apalategian. Ibaiadarreko bankuak zutik jarraitzen zuen. Txoko isil eta argitsu hura, astero partekatzen zutena, hutsik zegoen, baina zerbaitek ordezkatzen zuen oraindik: Arantxaren presentzia ikusezina zen. Orain Ahmedek baditu liburuetan oroimenaren bidea berriro ibiltzeko.

———————

Arantxak Ahmedi liburu mehe bat luzatzen dio, zorro zahar batean sartuta. Liburuaren azalean: *Isiltasunaren biografia* — Pablo d'Ors. Euskarazko bertsioa da, jatorrizko hizkuntza zorrotz zainduta, argitaletxe txiki baten zigilu apalarekin. Erderako alea ere ematen dio.

—Hau da lehenengoa —azaldu dio—. Irakurterraza da, baina ez da sinplea. Ez da nobela bat. Ezta istorio bat. Isiltasunari buruzkoa da. Eta isiltasunetik bideratua.

Ahmedek hartu, eta poliki aztertzen du azala.

—Zergatik ematen didazu hau lehenengo? Uste nuen nobela bat emango zenidala, historia batekin, pertsonaiekin...

—Zu historia bat bizitzen ari zara, Ahmed. Eta historia hori ez da hitzez kontatzen, baizik eta isiltasunean idazten. Hizkuntzaren bidez, isiltasunean murgiltzea proposatzen dizut. Ez esateko ezer... baizik eta entzuten ikasteko.

—Ni beti ahalegindu naiz entzuten —erantzun dio Ahmedek—. Etxean ezin genuen hitz egin.

Kalean isildu behar genuen. Bidaietan, mugan, errefuxiatu zentroan... beti entzulea izan naiz. Niri hitza falta izan zait.

—Horregatik, agian, behar duzu lehenik isiltasuna ulertu —kontestatu dio Arantxak—. Liburu honetan d'Orsek dio kontzientziaren oinarrian ez dagoela pentsamendua, baizik eta isiltasuna. Eta zure barruko hizkuntza hor dago. Gainera, nik maite dudan euskal idazle batek dio maitasuna isiltasunaren pareta batean idazten dela.

Ahmedek, apaltasunez, galdetu dio ea berak entzuten duen barruko ahotsa. Une honetan isilik geratu da Arantxa.

—Batzuetan bai. Beste batzuetan ez. Batzuetan nahiago nuke isil egon. Baina d'Orsek esaten du isiltasuna ez dela hutsunea, ezta ihesbidea ere. Praktika bat dela. Eta nik hori ikasi nahi dut... are gehiago nire senarra hil denetik.

—Orduan, hau ez da liburu bat —bueltatzen dio Ahmedek—. Hau gonbidapen bat da.

—Hori da. Gonbidapen bat. Ez dizut galderarik egingo. Ez dizut kontatzeko eskatuko.

Baina hitz batzuk emango dizkizut, euskaraz. Liburuan azpimarratua dudan esaldi bat irakurriko dizut:

"Isiltasuna ez da hutsune bat betetzeko. Isiltasuna espazioa da egia ager dadin."

Biak itsasoari begira geratzen dira isilik, haien aurrean

zabaltzen den ispilu urdin zabalari so. Itsasoak, bere sakontasunean milaka istorio gordetzen dituen misterioaren habiak, liluratu egiten ditu. Une horretan, falta dituzten pertsonak gogoratzen dituzte. Baina, zer da egia? Non dago? Bakarra da? Horrek beldurra ematen du. Egia agertzea jasangaitza izan daiteke? Batzuetan hobe da ez jakitea zer dagoen gure barruan.

———————

Aste bi pasatu dira. Banku berean daude, baina oraingoan haize hotzagoa dabil. Urak islatzen du zeru iluna. Ahmedek liburua bueltatzen dio Arantxari. Begirada galdua du. Aurreko astean Arantxak *Seta*, Alejandro Bariccoren liburua utzi zion eta gaur, itsasoaren aurrean, betiko bankuan, horren gainean berbetan dabiltzate. Arantxak, oraintsu alargundu berriak, liburuko esaldi pare bat irakurri berri du, eta Ahmedek, bere familia urrun duen gizon isilak, arreta handiz entzun dio:

"Ezin zen esan maiteminduta zegoenik, baina horrela sentitzen zen. Eta ez zen zoriontsua, baina ez zegoen triste ere."

"Zerbait da edertasuna: ezin ukituzkoa, baina ezin ahaztuzkoa."

—Arantxa... ez nago ziur ulertu dudan. Liburuan ezer ez da esplizituki esaten. Baina zerbait sakona, nahasia sentitzen da. Liburuko emakume japoniarra ez da sekula deskribatzen. Ez dakigu nolakoa den. Eta hala ere, hunkigarria da. Edertasuna zerbait ukiezina bihurtzen du.

—Hori da, hain zuzen ere, Bariccoren magia —erantzu-

ten dio Arantxak—. Istorioa ez da agerikoa; irakurleari eskatzen dio entzutea isiltasuna. Hitz artean ezkutatzen dena irakurtzea. Eta zuk, lehen esan zenuen bezala... isilarazita bizi izan zara. Agian horregatik konektatu duzu horrekin.

—Bidaia asko daude liburuan —dio Ahmedek— Herve Joncourrek Japonian topatzen du zerbait, baina ez daki zer. Ez da emakume bat soilik. Itxaropen bat da. Zerbait eskuratu ezin duena, baina behar duena. Eta nik... ulertzen dut hori.

—Hélène-k gutunak idazten dizkio, baina ez dio ezer esaten —gehitzen du Arantxak—. Eta horiek dira une sakonenak. Esanbakoak. Zuk ere, Ahmed, zure baitan daramatzazu zure gutunak, idatzi gabeak.

—Batzuetan pentsatzen dut —hausnartzen du Ahmedek— ez dugula ezer esan behar, sentitzea nahikoa da. Baina beste batzuetan, hitz bat falta denean, dena galtzen dela.

—Horregatik ekarri dizut liburu hau —esaten dio emeki Arantxak—. Ikas dezagun hitzen pisua, baina baita isiltasunaren oreka ere. Hitzek zentzua galtzen dute gehiegi erabiltzen direnean. Eta isiltasuna ez da beti hutsunea. Batzuetan... hitzen gainetik dago.

Bat-batean Arantxa isildu egiten da. Pentsakor geratu ostean, liburua eskuetan duela, ahotsa apur bat dardarka, barrutik berba egiten du:

—Ez da bidezkoa. Hervé Joncourrek ez luke inoiz egin behar hori. Zer zentzu dauka munduaren beste puntara joan eta arrisku horiek guztiak hartzeak, hainbeste denboran bere emaztea bakarrik utzita?

Ahmedek, beti bezala, Arantxaren umoreen aldaketa sentitu arren, lasaitasunez erantzuten dio:

—Baina, Arantxa, ez al da hori maitasunaren parte? Pasioak bultzatuta edozer egiteko gai izatea? Gainera, ez da bakarrik abentura, negozio kontu bat ere badago, liburuak ondo azaltzen duen bezala.

Arantxak burua astintzen du.

—Nik ulertzen dut pasioa, sinetsidazu, baina ez horrela. Ez da bidezkoa emaztearentzat. Zerbait falta du harreman horrek edo, agian, gizonak. Ez dirudi benetan maite duenik bere emaztea, nire ustez.

Ahmedek, bere familiatik urrun bizi denak, begirada galdua du itsasoan.

—Agian ez da horren erraza. Batzuetan, bizitzak aukerak ematen dizkizu, edo bidegurutzeetan jartzen zaitu. Nola jakin zer den zuzena? Zer gertatzen da bihotza leku batean eta gorputza beste batean duzunean?

Bere azken hitzekin Arantxaren begirada erakarri du, hark bere egoeraz pentsatu du. Arantxak isiltasun luze bati eman dio bide. Bere senarraren irudia etorri zaio gogora, harekin bizi izandako une guztiak.

—Nik ez dut inoiz halakorik sentitu. Niretzat, maitasuna presentzia da, egunerokoa, elkarrekin eraikitakoa. Ez da ihesbide bat, ezta abentura bat ere. Nola liteke hainbeste arriskatu ezer ziurrik ez dagoenean? Eta bakarrik utzi du emaztea, bere bizitza osoa harekin pasatzea espero zuen emakumea.

Ahmedek arretaz begiratu dio Arantxari.

—Agian, horregatik da hain berezia liburu hau. Ez delako harreman perfektu bati buruzkoa, baizik eta pertsonen konplexutasunari buruzkoa, desioei buruzkoa, sakrifizioei

buruzkoa. Hervé Joncourrek itsasoz bestaldean aurkitzen duena ez da bakarrik amodio bat, bere buruaren zati ezkutu bat ere bai, ezta?

Arantxak eskuartean duen liburua ixteko keinua egiten du, baina azkenean irekita uzten du.

—Ez dakit. Niri, bakarrik sentitzearen beldurra eragiten dit, eta horrelako erabakiek utz dezaketen hutsunea. Maitasunak ezin du hutsune bat sortu, baizik eta bete egin behar luke, ezta?

Ahmedek irribarre triste bat egin du.

—Baina betetzen al du beti? Edo batzuetan, hutsuneak ere gure parte dira. Gure ama hil zenean sentitu nuen amarekin elkartzen ninduen ikustezinezkoa zilbor estea apurtzen zela. Orduan konturatu nintzen berea baldintzarik gabeko maitasuna zela. Eta bere faltan sortu zen nire baitan maitasun mugaezina, amek semeengandik duten modukoa. Baina hori, nire barruan sakontasun osoan sentitzeko, pertsona horren falta eman behar izan zen. Gabezia. Gure herriko poema batek dio:

Isilpean maite zaitut, isilpean ez baitut errefusik topatzen
Bakardadean maite zaitut, bakardadean nirea bakarrik zarelako
Urrunean maite zaitut, urrunean babesten bainaiz minetik
Haizean maite zaitut, haizea nire ezpainak baino leunagoa delako
Eta nire ametsetan izan nahi zaitut, nire ametsak amaigabeak direlako.

Haizeak mugitzen dituen arbolek, itsasoaren olatuek eta liburuaren hitzek, Arantxa eta Ahmed haien barne munduan murgiltzera gonbidatzen dituzte. Bakoitzak bere esperientzia eta mina du, eta *Seta* liburua, bide batez, euren bizipenak ulertzeko eta elkarri laguntzeko modu bat bihurtu da. Isilik geratu dira berriro, itsasoko haizea entzuten, bakoitza bere pentsamenduekin, elkarren ondoan.

—Liburu hau ez da ohiko maitasun istorio bat —gehitzen du Arantxak apaltasunez—. Ez da azalpenik ematen. Askotan azalpenak... soberan daude.

————————

Arantxa eta Ahmed betiko bankuan daude, *Seta* liburuaren eztabaidak bide berriak ireki dizkie. Oraingoan, Mary Shelleyren *Frankenstein* eleberria dute hizpide, esku artean.

—Liburu honek, nire ustez, argi erakusten du gizakiak perfekzioaren bila dabilenean nola sortzen dituen monstruoak —dio Arantxak, ahots serioz—. *Frankenstein*, izaki perfektua sortu nahian, izaki bizidun bat 'hobetu' nahian, izaki miserable bat sortzen du. Eta gure garaian ere ikusten dugu hori, ezta? Zientziaren aurrerapenekin, muga etikoak gainditzen direnean...

Ahmedek baietz egin dio buruarekin, Arantxaren hitzekin bat etorriz.

—Bai, eta gainera, XIX. mendean idatzi zen liburua dela kontuan hartuta, are eta harrigarriagoa da. Garai hartan,

Iraultza Industrialaren ondorioz, zientziak eta teknologiak itxaropen handiak sortzen zituzten. Baina Mary Shelleyk oso ondo ikusi zuen argi horren atzean ezkutatzen zen itzala: gizakiak jainkoaren papera hartu nahi izatea, naturaren muga naturalak gainditu nahian.

—Eta monstruoaren bakardadea, hori da niretzat gakoa —gaineratu du Arantxak, begiak liburuan iltzatuta—. Hain perfektua izateko sortua, erabat baztertuta geratzen da. Ez du inoren onarpenik, inoren maitasunik. Bere sortzaileak ere abandonatu egiten du. Hori da gizakiaren handikeriaren ondorio tragikoa: sortu dugun horri bizkarra ematea, gure itxaropenak betetzen ez dituelako.

Arantxak ezin du alboratu bere barruko bakardade sentimendua liburuko pertsonaiarekin lotzea, alargun zenetik abandonatuaren itzala berarekin darama. Ahmedek pentsakor, erantzuten dio:

—Eta ez da hori, nolabait, gizarte aurreratuetan gertatzen ari dena? Beti dabil jendea, edo gu geu, zerbait gehiagoren bila, perfektuagoa izan nahian, zoriontasunaren definizio irreal baten atzetik. Eta bidean, akatsak dituztenak, 'perfektuak' ez direnak, baztertzen ditugu, edo geure burua baztertzen dugu.

Ahmedek urruneko familiaren irudia dakar gogora. Ulertzen du inon ez sentitzea, eta batzuetan bere buruarekin 'perfektua' ez izatea.

—Gure izaera finitua onartu behar dugula niretzat liburu honen mezu nagusiena da —dio Arantxak, liburua altxoan utziz— gizakiok ez garela jainkoak. Akatsak ditugu, mugak ditugu, eta hori onartu behar dugu. Horrek ez gaitu gutxia-

go bihurtzen, baizik eta gizatiarrago. Perfekzioaren bila joateak, sarritan, sufrimendua eta desilusioa baino ez dizkigu ekartzen.

—Eta, agian, hor dago gure zoriontasunaren gakoa —esaten du Ahmedek, irribarre apur batekin—. Akatsak besarkatzean, gure mugak ezagutzean, eta gure burua eta besteak diren bezala onartzean. *Frankenstein*-en irakaspena ez da bakarrik zientziaren arriskuei buruzkoa, baita gizakiaren arimaren zaurgarritasunari eta onarpenaren garrantziari buruzkoa ere.

Isiltasuna nagusitu da berriro, itsasoko hotsak soilik entzuten direla. Biak, beren pentsamenduetan murgilduta, liburuaren mezuaren sakontasuna aztertzen jarraitzen dute, beren bizipenekin eta sentimenduekin lotuz.

————————

Astebete pasatu da, eta Arantxa eta Ahmed berriro bildu dira betiko bankuan, ilunabarra poliki-poliki sartzen den bitartean. Arantxak ez dio Ahmedi hizkuntza soilik erakusten: harreman bat zaintzea, zaurgarritasuna partekatzea eta galderak egiten ausartzea irakasten dio. Edo elkarren artean ikasten dute. Gaurko liburua Joan Didion-en *El año del pensamiento mágico* da, eta bien artean banku gainean irekita dagoen aleak, bere zorroztasun eta zintzotasunarekin, elkarrizketa sakon batera gonbidatzen ditu. Arantxak bere doluaren oihartzuna aurkitzen du bertan. Ahmedek, berriz, bakardadea eta galdutakoen oroitzapenak kudeatzeko bide berriak sumatzen ditu.

—Liburu hau, niretzat, kolpe bat izan da —esaten du Arantxak, ahots apal eta hunkitu batez—. Didionek senarra eta alaba galdu ostean nola idazten duen... hain da gordin eta hain zintzo. Eta nola hitz egiten duen pentsamendu magikoaz. Urte bat senarraren oinetakoak ate ondoan, haien oinen zain. Nik ere sentitu dut hori: nire senarra edozein unetan itzuliko balitz bezala. Dena amets bat izan balitz bezala. Heriotzari aurrez aurre begiratzeak dakarren errealitate gordina ezin hobeto deskribatzen du.

Ahmedek baietz egiten du buruarekin.

—Hori da, hain zuzen ere, liburuaren indarra. Didionek ez du mina ezkutatzen, ez du arintzen. Doluaren alderdirik latzenak eta irrazionalenak erakusten ditu, eta horrek lagundu egiten du. Galdutako pertsonen oroitzapenek bizirik jarraitzen dutela erakusten duen moduak, niri, distantzia eta absentzia nola bizi pentsatzera eramaten nau.

—Baina, azkenean, errealitatea nagusitzen da —gehitzen du Arantxak, begirada galdua duela—. Une batean, konturatzen zara pertsona hori ez dela itzuliko. Eta hori da gogorrena. Gure izaera finitua onartzea, aurreko liburuetan hitz egin dugun bezala. Heriotza hor dago, eta ezin diogu ihes egin. Liburu honek hori onartzen laguntzen dit, pixkanaka bada ere.

Ahmedek pentsakor erantzuten dio:

—Eta ez al da hori, nolabait, bizitzaren funtsa? Minaren bidez ere, zerbait ikasi eta aurrera egin behar dugula? Liburu honek ez du irtenbide errazik ematen, baina laguntza handia da. Bakarrik sentitzen zaren uneetan, beste norbait ere horrela sentitu dela jakiteak... eta hori idazteko gai izan dela, nolabaiteko erosotasuna ematen du.

—Bai, elkarrizketa bat da niretzat, eta irakurle askorentzat ere bai —esaten du Arantxak.

—Mina eta heriotza tabu dira gure gizartean. Ez dugu horri buruz hitz egin nahi. Baina Didionek tabu hori apurtu egiten du, eta erakusten digu zauriak sendatzeko, lehenik eta behin, horiek onartu behar direla, azaleratu. Horrek ez du esan nahi minik ez dagoenik, baina, agian, arinagoa egin dezake.

Ahmedek irribarre ahul bat egiten du:

—Eta horrela, bakardadea eta distantzia nola kudeatu ikasten dugu, ezta? Nola gure familiakoak edo maiteak urrun egon arren, gurekin daudela. Eta doluaren prozesu hori, pertsonal eta bakarra izan arren, unibertsala ere badela.

Kaleko argiak piztu dira. Ilunabarra gero eta nabariagoa da. *El año del pensamiento mágico* liburuak, bere zintzotasun gordinarekin, Arantxa eta Ahmed haien zaurietan murgildu ditu heriotzaren, doluaren eta bizitzaren hauskortasunaren inguruko hausnarketa sakon batean. Borgesek zioen bezala: "Bat bakarrik ez da inor".

———————

Bizitzak buelta asko ematen ditu. Asteak pasatu dira Arantxarekin bankuan izandako azken elkarrizketatik. Ahmedek ez du berriro ikusi. Alepon, bere herrian, egoera ez da hobetu. Momentuz ezin da bueltatu. Egunak joan ahala, Osakidetzan medikuen eskasiak nabarmen egin du gora. Hori dela eta, Ahmedek bere barneko hutsunea betetzeko eta lanean murgiltzeko beharra sentitu duenez, Gorlizko os-

pitalean hasi da, paliatiboetako mediku gisa. Bizitza lasaia, baina bakartia darama Ahmedek. Orain gaixoen saminarekin egiten du topo egunero. Mundu berri bat, gordinagoa, baina haragizko eta hurbilagoa, gizatiarragoa.

Goiz batean, ospitaleko korridore luze eta isilean barrena doala, Ahmedek 4. gelako atea ireki du. Gaixoaren fitxan izen berri bat dago, eta medikuaren esku-hartzea beharrezkoa da. Medikua denez, barne zirrara estaliz, lasaitasunez eta profesionaltasunez sartu da, bere eguneroko lana egiteko prest.

Baina gelan sartzerakoan, arnasa eten zaio. Oheko emakumea, burua apur bat albo batera okertuta eta begiak ia itxita, Arantxa da. Bere aurpegia ahul dago, baina oraindik antzematen dira lehengo edertasunaren aztarnak. Arantxa, ibaiadarreko pasealekuko bankuan liburuen inguruko berbaldiak izan zituen emakume bera da ohe hortan dagoena.

Ahmedek une batez ez du zer esan jakin. Hitzak eztarrian korapilatu zaizkio. Barnean dardara sentitu arren, arnasketa sakon bat hartu eta paliatiboetan ikasitakoa gogoratu du: lasaitasuna transmititu behar du, gaixoari bere espazioa eta denbora eskaini. Ohearen ondoan jarri da, Arantxaren esku ahula astiro hartu du berean, eta ahots apal batekin, ia xuxurlatuz, esaten du:

—Arantxa?

Arantxak, begiak nekez zabalduz, Ahmeden aurpegira begiratu du. Irribarre ahul bat marraztu zaio ezpainetan.

—Ahmed... zu hemen? —Bere ahotsa hauskorraren eta isiltasunaren artean dago. Ahmed hurbildu da, ohearen ondoan eserita, bihotza estututa. Isiltasunari lekua egin dio,

hitzek baino gehiago esan ohi duten une horietakoa da eta. Arantxaren esku ahulean, paper zahar batzuekin bildutako liburu txiki bat dago: *Txorien biltzarra*, Farid ud-Din Attaren sufiaren liburu ezaguna.

—Hau... nirekin dakart. Beti —esaten du Arantxak, hatzamar batekin liburua seinalatuz—. Bidaia bat da, ezta, Ahmed? Bizitza bera bezala. Eta bidaia honen amaieran, agian, egia aurkituko dugu.

Ahmedek liburuari begiratu dio, gero Arantxari. Betidanik liluratu du, *Txorien Biltzarra*. Absolutuaren bilaketaren alegoria bat da, bertsoz idatzita orain dela 800 urte baino gehiago. Txoriek, giza arimaren metafora, bide luze eta zail bati ekiten diote, helmugan errege bat bilatzeko, Sinmurgh izeneko txoria. Bidean, askok amore ematen dute, baina ausartenek bakarrik jarraitzen dute. Azkenean, Sinmurgh aurkitzen dutenean, ulertzen dute Sinmurgh haien burua dela: bilatutako egia.

—Bai, Arantxa. Bidaia bat da —erantzuten dio Ahmedek, bere ahotsa emozioz beteta—. Eta zuk... ondo bidaiatu duzu.

Arantxak irribarre egin du, begiak berriro itxiz. Bere arnasketa gero eta motelagoa da.

—Baina ez da amaiera, Ahmed... Orain, neurea aurkitu behar dut... nire Sinmurgh.

Ahmedek ez dio erantzuten. Arantxaren eskua heldu du berriz, zimurtu eta hotz samar dagoen eskua. Badaki une hauetan garrantzitsuena gaixoaren ondoan egotea dela, presente, lasaitasuna eta erosotasuna eskainiz. Ez dago hitz gehiagorik. Gela isiltasunez jantzia dago, itsas-haize leun

baten moduan. Ahmedek, medikua izanik, badaki zer datorren. Profesionaltasunez jokatu behar du, baina une horretan, profesionaltasunaren muga guztiak gainditu dira. Arantxa ez da soilik gaixo bat; liburuen bidez konektatutako bi arimaren lotura da eta maitasuna lokarrietan dago.

Minutuak igaro dira, eternitate bat bailitzan. Azkenean, Arantxaren arnasketa eten da. Lasai-lasai, bakean. Hil zorian daudenei eskua ematea garrantzitsua da. Askatzeko unea iristen denean, eskua uztea ere bai. Ahmedek eskua askatu dio, eta isilik geratu da ohearen ondoan, *Txorien biltzarra* liburua Arantxaren eskuetan dagoela, azken bidaia horretarako lagun.

Ahmed triste dago, tristuraren sakonean barrena murgilduta. Uholdea balitz bezala sentitzen du barruko mina. Ama galdu zuen legez. Katuak desagertu ziren legez. Orduan zerbait datorkio bere bihotzera. Eta tristura ez balitz iraganari soilik lotzen? Eta etorkizunez ere elikatuko balitz? Tristezia iraganekoa dela esaten dute. Denboraz txikitu egiten dela. Baina zer egin dezakegu etorkizunaz elikatzen bada?

Bitartean, beharbada, Arantxak, bide zailak zeharkatu ondoren, azkenean aurkitu du bere Sinmurgha. ❏

Alepoko gizona

Xabier Giménez Sasieta
Hirugarren saria

XABIER GIMÉNEZ SASIETA (Bilbo, 1974). Jesuitetan ikasi zuen, eta gaur egun ikus-entzunezko ekoiztetxe batean proiektu-zuzendari gisa lan egiten du. Zinema eta irakurketa gustuko ditu, eta *airsoft* zale ere bada. Idaztea sutsuki maite du; hainbat sari literario irabazi ditu eta eleberri bat arrakastaz argitaratu du.

Egunero bezala, Ahmed garaiz heldu zen parkeko bankura. Ibaiadarreko pasalekutik zebilela, neguko lanbroa lodiagoa iruditu zitzaion, ilunagoa, harekin batera zori ilunpetsu baten iragarpena ekarriko balu bezala. Topalekura hurbiltzean, Arantxa oraindik ez zela heldu oharteman zuen. Arraroa iruditu zitzaion. Arantxa garaiz heltzen zen beti. Zenbaitetan, bazirudien baita orduak ere pasatu zituela itxaroten.

Siriar gaztea jesarri eta zain gelditzen da, beste behin orriztatzen duelarik itzultzera zeraman liburu berria: *Baskervilletarren ehiza-txakurra*. Izugarri gustatu zitzaion. Holmes-ek liluratu egiten zuen. Minutuak aurrera doaz. Ordu erdi. Ordubete. Ahmed arduratzen hasten da. Ez zen inoiz horrelakorik gertatu, Arantxa ez da sekula beren egu-

neroko zitara falta. Orain ez da bere pasarte gogokoenetarikoen berrirakurketan kontzentratzeko gai.

Egurrezko bankua, normalean epel egoten zena Arantxari esker, hotza eta babesgabea iruditzen zaio orain. Azkenean, bere laguna ez dela etorriko konbentzitu du bere burua. "Zerbait gertatuko zitzaion", esaten dio bere buruari, atsekabetsu, joaten delarik. Zenbait pausuren buruan, lurreko objektu batek begia jotzen dio. Zuhaitz baten ondoan dago botata, erdi-ezkutatuta lorategiko belar altua dela eta. Hurbiltzean, liburu bat dela ikusten du: *Medikua*, Noah Gordon idazlearena. Harriduraz hartzen du eskuetan eta barnean ezaguna egiten zaion objektu txiki bat nabaritzen du. Berak berdinkide bat zuen eskuetan: Orri-markatzaile bat. Arantxak berak diseinatu eta sortzen duen orri-markatzaile artisau mota berdina.

Sentsazio txar batek higiarazia, begiez inguru guztia arakatzen du, bere lagunaren adierazgarrien bila. Ezer ere ez. Eguna zakarra da eta lekua huts-hutsik dago. Keinu arin batean, liburua zabaldu eta azalaren barrualdean itsatsita dagoen kartoizko orri txikian zuzendu du begirada: Hor jartzen du maileguaren data eta ordua: Gaur bertan, goizeko bederatzietan. Orain dela hiru ordu besterik ez.

Bere heroia den Holmes bezala sentitu da eta hura parafraseatzen du: "Horrek esan nahi du orain dela hiru ordu arazo barik zegoela liburutegian. Zentzuzkoena hara galdetzera joatea da. Bistan da."

Segundo bat galdu barik, korrika doa auzoko liburutegira. Liburuzainari galdetzen dio, eta honek, adigabe, Arantxak liburua goiz horretan bertan hartu duela baieztatzen du.

—Ez, ez dut ezer arrarorik nabaritu —adierazten du, Ahmeden ezinegona ikusita—. Emakumeak mesfidantzaz begiratzen dio, gorputz arrotz eta bitxi batek bere liburu eta monotoniaz beteriko santutegia inbaditu izan balu bezala. Hala ere, orri —markatzailea ezagutu du—. Normalean horiek ekartzen ditu —jarraitzen du—, eskuz egiten ditu. Bueno, sentitzen dut lagundu ezin izana.

Ahmedek makal baieztatzen du, begirada galdua eta arima kezkatsu duela. Kanpoan, egunak gelditasun izoztu batekin egiten du aurrera. Noraezean ibiltzen da tarte batez. Erakusleiho lausotu batzuen ondotik pasatzen da, zaunka egiten duten txakur eta tabernen terrazetan gosaltzen ari diren pertsonen ondotik, gasezko berogailu txiki batzuetara hurreratzen delarik. Arantxa emakume oso jainkotiarra dela gogoratzen du. Santa Mariaren eleizara joan ohi da. Hara joatea erabakitzen du Ahmedek. Agian zerbait dakite.

Eliza kristauan tenpluek neguan izaten duten hoztasun berezi hori arnasten da: minik ematen ez duena, baizik eta azalean ezartzen dena, isiltasun mandatu bat bezala. Ahmedek kontuz bultzatzen du atea, eta berehala argizari kontsumitu, egur zahar eta hezetasun usain batek inguratzen du. Kandela gutxi batzuek dantza egiten dute Birjinaren argazki ilundu baten aurrean. Hurreko bankuetan, bi andre zaharrek kaleko zurrumurrutik gora nekez altxatzen diren xuxurlak errezatzen dituzte.

Parrokoa gizon nagusi bat da. Jaka arrexka bat darama sotanaren gainetik. Zapata marroiak, higatuak. Seguraski modakoak ziren orain dela mende erdi. Karrika askotan zehar ibili dira. Adinduna erritmo patxadatsu batean hurbilt-

zen da. Ahmedek bere burua estalgabetu eta begirada jaisten du une batez, guzti hori errituaren parte izango balitz bezala.

—Egun on, aita —agurtzen du, mintzaira akitu batean—. Emakume baten bila nabil, Arantxa. Uste dut... uste dut hona etortzen dela igandero.

Begiekin erdi itxita, apaizak bere aurpegia aztertzen du. Betazpi sakon batzuk ditu, hagin gabeko irribarre batekin batera.

—Ezagutzen dut —erantzuten du, pixka bat pentsatu eta gero—. Egunak dira ez dudala ikusi. Senitartekoa da?

—Bere laguna naiz. Banku batean irakurtzen dugu goizetan, ibaiadarraren ondoan. Gaur ez da agertu. Bere liburua aurkitu dut, parkean botata. Ba al dakizu zer gertatu ote zaion? Arazoak ote al zituen? —iragartzen du Ahmedek, pausu bat aurrerago—. Norbait... ez dakit... deitu dezaket.

—Ez dut uste... Arantxa emakume ona da —ihardesten du adindunak, liburua aztertzen duen bitartean, aurpegiera atsekabetsu batekin—. Apala. Igandero etortzen da mezara. Aldizka baita astegunetan ere. Laugarren bankuan esertzen da beti, Santa Mariaren figuraren ondoan. Kandela bat pizten du eta argia begiratzen geratzen da. Txarto egon da bere senarraren heriotzatik, baina azkenaldian animatuago ikusten zitzaion. Zuri esker, imajinatzen dut —apaizak irribarre egiten dio eta pausa bat egiten du, sakonki behatzeko aprobetxatzen duena—. Baina bueno, esan bezala, zoritxarrez egunak dira ikusten ez dudala. Bueno, sentitzen dut lagundu ezin izana, gazte. Baina... kezkatuta uzten nauzu. Ea ez zaion ezer gertatu.

—Bueno, eskerrik asko hala ere, *Ulema* —ihardesten du Ahmedek, huts eginda eta begirada galduarekin—. Imajinatzen dut Jaungoikoaren asmoa aurkitzea dela bada, agertu egingo dela.

—*Inshallah* —dio apaiz adindunak irribarre batekin, oroitarazten dituelarik Jerusalemen pasatutako urteak, bai eta mahomatarrek Jainkoaren nahiaren aurrean etsitzen zirenean hainbeste erabiltzen zuten esaera hori ere.

—*Inshallah* —erantzuten du Ahmedek, harriturik.

Alepoko gizona kalera irteten da. Kanpoko argiak mindu egiten du segundo batez. Plazako haizeak terrazetako berogailuen gasaren usaina darama. Zerbitzariek metalezko aulkiak arrastatzen dituzte; jendea oinez dabil, beren gauzekin lanpetuta. Bizitzak aurrera egiten du, bere ardurak bost.

Alferrikako saiakuntzetaz zapuztuta, gaztea pisukide siriarrekin partekatzen duen etxera doa. Poliki-poliki igotzen ditu eskailerak, sorbalden gainean bi mundu desberdinetako pisua duen sentsazioarekin: berarena, gerra eta erbesteratzearen erruz arraildua, eta orain Arantxarena, hoztasunez eta axolagabekeriaz betea. Apartamentura sartzean, etxe inprobisatu baten berotasunak eta kardamomo usain finak bihotza arintzen dio une batez. Bere jaioterriko puska bat. Zergatik jakin gabe, aroma ezagunek bere haurtzarora eramaten dute instantean. Dena errazagoa zen garaia.

Gertatutakoa kontatzen die pisukideei eta eztabaida sutsu bat sortzen da berehala. Pisua, normalean baketsua, parlamentu txiki bat bihurtu da. Batzuek ahots estuz aurpegiratzen dute: "Zergatik kezkatzen zara hainbeste nekez ezagutzen duzun emakume batez? Hemen ez da inor kezkatzen

gutaz, arrarotzat jotzen gaituzte, susmagarritzat. Zuk ez dio-
zu ezer zor gizarte honi".

Beste batek samintasun gehiagorekin gaineratzen du: "Ez
zara zertan besteren arazotan sartu behar, nahiko dugu jada
bizirautearekin. Eta zerbait leporatzen badizute? Eta min
eman zeniola pentsatzen badute? Ez dugu dokumenturik.
Ez dugu eskubiderik. Ez dugu beldurrik beste. Isiltasuna
soilik".

Ahmedek lasai entzuten du, besoak gurutzaturik, azke-
nean hitz egiten duen arte. Ahots sendoz egiten du, baita
lasaitasunez betea, errespetua inposatzen duena.

—Hain zuzen ere errefuxiatuak izatearren, laguntza be-
har izan eta ez jasotzeak esan nahi duena jakitearren, eman
egin behar dugu beste batek behar duenean. Zer gizon mota
gara besteen minak ukitu ez gaitzan baimentzen badugu?
Emakume horrek... hemen inork gehiago eskaini ez didan
zerbait eman dit: lagunarte zintzo bat, ezer ere eskatu gabe
trukean ezta epaitu gabe. Ezin dut ezikusiarena egin. Ez
nintzateke ni izango.

Isiltasun tarte bat dago. Taldeko gazteenetariko batek
begirada jaitsi eta baieztatu egiten du arinki. Beste batek
ezeztatu egiten du buruarekin eta zerbait xuxurlatzen du
arabieraz, baina Ahmedek ez du guztiz ulertzen. Tentsioz
beteta jarraitzen du giroak, baina bere hitzek zalantza erein
dute eta kontzientziak astindu dizkie. Arazoa ez da etikoa
soilik, baina baita existentziala ere: Nor gara egiaz?

Eztabaidak gau berandura arte irauten du. Erbestealdi,
erresumin eta arrazakeriaz hitz egiten dute. Oihukatu eta
besarkatu egiten dira. Istorio desberdinak partekatzen dituz-

te, galerei buruzkoak, mugak gurutzatzen dituzten gaueko trenak, itzultzen ez diren gurasoak, hazten ez diren umeak. Gau erdiko tiro-hotsak. Te mingotsari emandako zurruten artean, Arantxaren figura handiagoa den zerbaiten ikur bihurtu da: oraindik salbatu al den gizatasun partekatuarena, hondakinen artean egonda ere.

Hurrengo goizean, Ahmedek ospitalera joatea erabakitzen du. Beharbada, espero ezetz, osasun arazo larri bat izan du.

Ospitaleak desinfektatzaile eta aire birziklatu usaina du. Erizain batek orga bát arrastatzen du; bi sanitariok ahots baxuz hitz egiten dute; agure bat holtz baten atzetik oihuka dabil. Leku guztiak itxura garbi eta antzua du. Fluoreszente zuriak, giltzapeko gidaridun ateak. Oroitzapenak pilatzen zaizkio buruan, baina gestu irmo batez arbuiatzen ditu. Ez da momentua. Ahmed mostradorera doa zuzenean. Liburua ateratzen du poltsotik eta orri markatzailea dagoen lekutik zabaltzen du.

—Mesedez. Atzo edo gaur... Baliteke emakume bat ekarri izana. Arantxa deitzen da. Ba al dakizue zerbait?

Administrariak gogait kantsatu batez begiratzen du. Baina erantzun aurretik, haien ondotik pasatzen ari den sanitario bat gelditu egiten da. Orri-markatzailea begiratzen du, burura makurtzen duelarik.

—Orri-markatzaile hori... —dio, besteentzako baino bere buruarentzako—. Atzo goizean emakume nagusi bat sartu zen garuneko hemorragia batekin. Anbulantzia batek hartu zuen ondoezik sentitzen zelako zentroko parkean. Sekulako buruko mina zuen, koitaduak. Oraindik gogoratzen dut be-

hin eta berriz esan zuelako liburua galdu zuela. *El médico*. Orri-markatzailea eta guzti deskribatu zuen. Oso larri dago.

—Non dago? —galdetzen du Ahmedek, belaunek huts egiten diotela sentitzen duelarik—. Ikus dezaket?

—Neuroko itxarongelan —erantzuten du sanitarioak—. Korridore horretatik joan eta eskumatara. Zu zara...?

—Familia —esaten du Ahmedek, zalantzatu barik.

Neurokirurgiako gunea argi zuri eta aurpegi estuz beteriko arrainontzi bat da. Uniforme urdin bat duen neska bat inor begiratu barik tekleatzen dabil. Ahmedek ezagun du leku hori. Bere eskuak begiratzen ditu; aspaldiko ziurtasunak itzuli zaizkio haietara: ikasitako keinu guztiak, non jarri pintza, nola apartatu arteria, nola hartu pultsua mamiekin, hain ondo ezagutzen duen hizkuntza gorri hori.

Mediku gazte bat hurbiltzen zaio, karpeta eskuan. Bizar hasiberri bat du, eta oraindik guztiz zakartzen ikasi ez duen begirada bat.

—Arantxaren senitartekoa zara? —galdetzen du.

—Bere laguna naiz —erantzuten du Ahmedek—. Baina medikua naiz. Neurokirurgialaria. Alepokoa.

Gazteak begiak kliskatzen ditu, harrituta.

—Diagnostikoa garuneko arteria sagital maiorreko aneurisma bat da, haustura arrisku handiarekin —azaltzen du, kide batekin hitz egiten egongo balitz bezala—. Kirurgia erabat konplexua da. Aukerak balioztatzen ari gara. Orain operatzea... —irentsi egiten du—. Oso arriskutsua da.

Diagnostikoa entzuten duen bitartean, Ahmedek burura aspaldiko ziurtasun bat itzultzen zaiola sentitzen du. Bere benetako izaera, gerra, bereizketa eta erbestealdiarengatik

lurperatua. Bera da itxaropena eskaintzen duena. Alaren errukiaren eramaile da. Edo bere aitonaren hitzetan, *"shifa* eramailea"*: Osasuna bueltatzen duena. "Zalantza barik Allah izan da emakume honen bidean Alepoko neurokirurgialari bat jarri duena" pentsatzen du, hunkituta. Bere patua argia da. Isilpean, eskerrak ematen dizkio Jainko ahalguztidunari hain argia izatearren. Baretasun tekniko batekin galdera espezifikoak egiten hasten da eta, tartean, gazte egoiliarra harrituta geratzen da bere jakintzaren aurrean.

—Nik operatu dezaket. Egia da kirurgia konplexu bat dela, baina jakingo duzun bezala, ez operatzea arriskutsuagoa da —jakinarazten dio Ahmedek, ahotsa altxatu gabe—. Angio-OTA duzu?

Gazteak segundo-ehunen batez zalantzatzen du, baina hobeto pentsatzen duela dirudi.

—Egia esanda... —ahotsa jaisten du—. Ezin dizut ezer erakutsi baimenik gabe.

—Ulertzen dut —baieztatzen du Ahmedek, eztabaidatu barik—. Utz iezadazu hitz egiten erabakitzen duenarekin.

Gaztea geldirik geratzen da, zalantzati. Gero gutxieneko keinu bat egiten du buruarekin.

—Itxaron hemen.

Joan egiten da. Ahmedek arnas hartzen du. Zenbakien taula begiratzen du. Handik tarte hatera adin erdiko emakume bat sartzen da, beroki argi batekin eta begi gorrituekin; goitik behera eskaneatzen du, zalantza egiten du, hurbildu egiten zaio.

—Zu zara Ahmed? —galdetzen du.

—Bai. Ezagutzen nauzu?

—Joane naiz —dio—. Arantxaren alaba.

Instant batez begiratzen dira. Une horretan, zerbait itun-tzen da hitzik esan gabe.

—Zure ama indartsua da —esaten du Ahmedek—. Eta nik badakit zer egin behar den.

—Esan didate zarela... esaten duzula neurokirurgialaria zarela —dio, hasperen egin ostean—. Siriakoa?

—Alepokoa —erantzuten du—. Ez dut esaten. Banaiz.

Emakumeak begiratu egiten du, bere tankera baino ge-hiago haztatu nahian: bere zilegitasuna neurtu nahian.

—Ama sendatu dezakezu?

—Saia naiteke. Ospitaleak ez dizu operatzeko aukera ematen, ezta?

—Oso arriskutsua dela diote. Tratamendu kontserbatzai-leak funtzionatu lezakeela.

—Egia da operazio arriskutsu bat dela. Arteria sagital maiorra iristeko zaila den leku batean dago. Eta opera-zioostea bezain kritikoa da. Baina gauza batean oker daude: Tratamendu kontserbatzaileak ez du funtzionatuko. Ez ba-dira operatzen saiatzen, hil egingo da zalantzarik gabe.

—Amak asko hitz egiten du zutaz —erantzuten du Joanek, isilune luze baten ostean. Begirada galdua du, izu-garrizko tentsioa jasaten ari den pertsona baten berariaz-koa—. Zerbait berezia ikusten zuela zioen.

Zerbitzuburua paper eta presazko eskolta batekin iristen da. Batzorde gehiegitan borrokatu izan duen haren aurpe-giera du. Joane agurtzen du, Ahmed isil-misilka begiratzen duen bitartean, arazo administratibo bat izango balitz bezala.

—Zu zara mediku siriarra? —galdetzen du.

—Bai —erantzuten du Ahmedek—. Operatzea eskaintzen dut. Antzeko operazioak egin ditut nire herrialdean. Nik baino hobeto dakizu ez egitea ezer hilgarria dela —erantzuten du Ahmedek, tonua jaso gabe—. Angio-OTA, erresonantzia gidatuko proba eta operazio-gela bat behar dut.

—Lehenik eta behin, ez zaitut ezagutzen. Bigarrenik, neurokirurgialaria zarela diozu, baina ez dugu frogarik. Baina hala eta guztiz ere, zure titulua ez dago Europan homologatuta. Eta hirugarrenik, Lurreko neurokirurgialari onena izanda ere, operazioak ordaindu ezina den arrisku maila du. Ez dakit zer irizpiderekin onartzen dituzten operazio horiek Sirian, eta oraindik gutxiago horien emaitza, baina hemen protokoloa argia da: arrisku ordaindu ezina, tratamendu kontserbatzailea lehenesten da. Beraz, ez, ez dut utziko ezezagun batek protokoloa apurtu dezan —dio buruak, azkenean—. Sentitzen dut.

Eta joan egiten da, beste bataila baten bidean. Ahmedek begiradarekin jarraitzen du segundo batez, hasperen egiten. Joanerengana biratzen da.

—Nahi baduzu, bulegoetan borrokatu dezaket. Oraintxe bertan lortu dezaket nire titulu ofiziala, kideen gutunak, argitalpenak, kirurgia antzekoak —esaten du, Joaneri zuzendua—. Erabakia zurea da. Baina erlojua korrika doa.

Atsekabetu eta suntsitzen duen etenaldi baten ostean, Joanek baiezkoa ematen du. Mugikorra ateratzen du. Atzamarrek dar-dar egiten diote.

—Esaidazu zer behar duzun eta nori deitu behar diodan.

Bien artean erlojuaren kontrako lasterketa bat hasten dute. Goiz horretan bertan Ahmedek dozenaka posta bidaltzen ditu: laster hainbat dokumentu jasotzen ditu, hala nola ospitaletako zigiluak dituzten arabiarrez idatzitako gutunak, bonbardaketa erdian dauden ekipo kirurgikoen argazkiak, bere izenean sinatutako PDFak. Audioak grabatzen ditu bere kasua azaltzen; garai bateko kideei deitzen die, zeinek Raqqa, Al Quesir eta jada izena orbain bat baino ez diren hirietatik erantzuten duten. Lehengo mediku gaztea —Luis— zuhurki ahal duena filtratzen du: denborak, leihatilak, izen baliagarriak.

Arantxaren alabak kazetari bat ekartzen du, Ruth, kasuan interesatuta dagoena. Grabatzaile txiki-txiki bat eta uztai-koaderno bat eskuan, aurkeztu egiten da. Ruthek entzun egiten du. Gutxi galdetu. Asko begiratu. Sistemak non egiten duen min usnatzen du, horretaz bizi delako. Irteterakoan, azkar argitaratzen du, sutan dauden tituluekin: "Ama salbatuko zenuke zer egin jakinez gero? Ahmedek bai. Osasungintzak ez dio uzten." Atala birala egiten da berehala; mezuak, elkarrizketak eta elkartasuna heltzen zaizkie. Baita gorrotoa ere. Iritziak, nahastuta, manta azpiko maskoten arteko borroka bat dirudi.

Sara, neuron egoiliarra, Ahmedengana doa egunsentian.

—Bilatu egin zaitut —dio, ahopeka—. Operatzen ikusi zaitut 2017an eskegitako bideo baten. Soto batean. Zu eta lanpara halogeno bat. Teknika... —ezpaina hozkatzen du—. Harrigarria da, ez dut hemen ikusi.

—Han ez genuen ezer —erantzuten du Ahmedek—. Eskuak baino ez.

—Ez badute baimena ematen... —Sarak biziki begiratzen du—. Ez badute baimena ematen, guk... —ez du esaldia amaitzen, baina airean uzten du luma leun bat izango balitz bezala—. Ez nuke hori esan beharko.

—Ez esan ezer —erantzuten du Ahmedek—. Adi egon soilik.

Hogeita lau ordu pasatzen dira. Gero hogeita hamasei. Ospitaleko etika batzordeak kasua berrikustea onartzen du. Clarak beste atal bat argitaratzen du. Komentarioak pozoitu egiten dira. Luis, Sara eta mediku egoiliar gehiago sartu eta irten egiten dira. Neurologian mediku mordoa dago.

Operazio posiblearen aurreko gauean, Ahmed oroitzapen samingarrietan murgiltzen da. Alepora itzultzen da mentalki, baina ez telebistako Alepora, dena gerra, sarraski, eztanda eta zauritu eta begirada galdua duten umeen oihuak diren lekura, baizik eta bere oroitzapenetan bizi den Alepora: bere aitona-amonek zaindu egiten zuten gurasoak lanera joaten zirenean. Amaren ile luze eta zaindua.

Aitaren poztasun isila Medikuntzan lizentziatu zenean. Bere emaztea bihurtu zen eguneko Fatimaren aurpegi goxoa. Atzerako ispiluan erremediorik gabe aldentzen den bizitza baten oihartzun motzak.

Logura eta atzartasunaren artean, pertsegitu egiten duten eszenak oroitzen ditu. Gaua da. Ospitaleak dardarka egiten du hegazkinek heriotza eta suntsipen burdinak jaurtitzen dituzten bakoitzean. Ahmedek linterna bat du haginen artean eta garezur ezpala bat pintzan. Ume batek begiratzen du operazio-mahaitik, mundua gelditu

izan balitz eta haiek biek bakarrik axola izango balute bezala. Odol bero eta kloro usainak ingurua betetzen du. Ama batek musu ematen dio hatz-koskorretan, negarrez. Oihuak entzuten dira gortina baten atzetik. Balde batek sabaitik tantaka erortzen den ura biltzen du. Lurreko zerrautsa hilzorian dauden pertsonetatik alde egiten duen odola xurgatzen saiatzen da. Gogoratzen du bere herria, auzoa, etxea eta lagunak atzean utzi behar izan dituela. Bere ihesaldia luzea da, krudela eta mingarria. Gaueko ibilaldiak. Muga zigilatuak. Kanpamentuak. Kontrolak. Beldur konstante bat atxilotua izatera. Itzulia izatera. Inoiz ez heltzera. Bidean zehar bere burua galtzera.

Eta gogoratzen du, agian aurreko guztia baino min handiagoz, heltzean ateak itxi dizkiotenen etsaitasuna. Geltokietako begirada mesfidatiak. Tramite amaigabeak. Elkarrizketa hotzak. Hitzordu atzeratuak. "Ikusiko dugu" guztiak. Lorik gabeko gauak, berokirik gabe, kontsolamendurik gabe.

Hurrengo goizean, ospitalearen azkeneko erabakia heltzen da. Posta labur eta kliniko bat. "Ez da burutuko." Ez dago artekarik sintaxian. Ez da zirrikiturik azazkala katigatzeko. Ahmed pentsatu ezinik gelditzen da segundo batez. Gero Joane bilatzen du. Atearen orpoan hitz egiten dute, non mugimenduak esaldien amaierak ezabatzen dituen.

—Ezin dugu gehiago itxaron —esaten du Ahmedek—. Ez badugu gaur operatzen, bihar berandu izango da.

Joanek baieztatu egiten du. Atalase bat gurutzatu du jada non beldurra eta maitasuna gauza bera diren, bi hitzak dantza frenetiko batean trukatzen dira bere buruan.

—Zer egin dezaket nik? —galdetzen du.

—Gutxienez zure baimena eman. Horrek hutsegitea arazo administratibo batean bihurtuko du —dio Ahmedek—. Eta talde txiki bat beharko dut, baina horretaz ni arduratuko naiz.

Joanek paper bat ateratzen du. Idatzi. Sinatu. Eskumuturrak dar-dar egiten dio.

—Egin behar duzun guztia egin —dio—. Mesedez.

Luisek eta Sarak hiru mediku gazte gehiago biltzen dituzte, beldurrez eta asalduraz zurbil. Gau hartan, barneko ateek, sentsoredunak, bide ematen zieten mendetasun elektronikoz. Segurtasun guardia batek behako bat ematen die, mamu gozo-gozo bat ikusi izan balu bezala, eta burua biratzen du. Hortik ez da inor ere pasatu. Operazio-gela bat plangintzan blokeatuta geratu da. "Mantenuan dago" izango da laguntzailearen azalpena. Inork ez du berrikusiko: kanpaina mediatikoa sakon sartu da ospitalean, gutxienez oinarrizko pertsonalaren artean.

Isil-isilik janzten dira. Latexak klaskatu egiten du. Metalak abestu egiten du mahaietan jartzean. Argi hotza eguzki obediente bat izango balitz bezala pizten da. Ahmedek betiko errituan garbitzen ditu eskuak: azazkalak, esku-azpiak, besaurreak. Sarak janzten laguntzen dio; bere atzamarrek dar-dar egiten dute, begietara hedatzen zaion dardara bat.

—Arnasa hartu —esaten dio Ahmedek, eta ahots baxuan—. Hemen mundua txikia eta zehatza da.

Arantxaren gorputza eremu kirurgikoan datza. Monitoreek bizi linea bat adierazten duten txistuak igortzen dituzte. Ahmedek mahai gainean jartzen ditu eskuak,

begiak ixten ditu segundo batez. Ez du otoi luze bat egiten. Alaren lanabesa baino ez du izan nahi.

—*Bismillah* —xuxurlatzen du.

Lehenengo ebaketa garbia da. Azalak erantzun egiten du. Odolak hizkuntza unibertsal bat hitz egiten du, bere eskuek hiztegi gabe gogoratzen dutena. Luisek lotan egin ahalko zituzkeen mugimenduekin eskaintzen dizkio tresnak. *Mikrodisektorea. Klipa. Xurgagailua.* Eskularruen arteko dantza zehatz bat dago, herrialdeei aditzen ez dien doktoreen arteko hizkuntza bat.

—Aneurismaren lepoa bistaratzen dut —esaten du Ahmedek, hizkera zapal profesional batekin—. Garaztapen albokidea... —etenaldi bat—. Ondo. Hemen.

Sarak arnasari eusten dio. Bere zerbitzuan inoiz ikusi ez duen angelu batean sartzen du klipa Ahmedek. Dotorea eta apala da aldi berean, arteriari baimena eskatuko balio bezala. Izerdi tanta bat jausten da Luisen lokitik eta musukoaren mugan geratzen da zintzilik.

—Klipa jarrita —dio Ahmedek—. Berrikusi fluxua.

Hiru taupaden isiltasuna. Monitoreak berdin abesten du. Sarak dopplerra begiratzen du. Begiak altxatzen ditu. Baiezkoa ematen du.

—Fluxua mantenduta.

Ahmedek ez du irribarrerik egiten. Ez dio erlaxatzeko baimenik ematen bere buruari. Gorputza egokitzen du. Berrikusi egiten du. Egiaztatu. Ixteko agindua ematen du. Lanpara itzaltzean, bere baitan zerbait ordeztu egiten da eta barrutik goiargitzen du.

Operazio-gelatik kanpo, korridoreak beste bat dirudi: le-

poraino dago medikuz, administrazio-langilez, zerbitzubu-ruekin eta ospitaleko zuzendaritza-batzordearekin, gutxie-nez 15 polizia-agentez eskoltatuak.

—Ahmed Alsistani —aurpegiratzen dio polizietako ba-tek, bestelako itzulingururik gabe—, atxilopean zaude fun-tzioen usurpazio eta ausarkeriazko jokabideengatik. Arana andereñoak azaldu digu bere amaren operazioa baimendu zuela, eta horrek zigor-arloko prozesu batetik libratzen zai-tu. Baina Atzerritarrei Buruzko eta Barne Segurtasuneko Legeari jarraikiz, delitu zibil batengatik auzipetutako bide-gabeko immigrante zarenez gero, deportatua izango zara. Berehala eskoltatuko zaituzte Siriara bueltan doan hegazki-na hartuko duzun aireportura.

Gelan txistuak entzuten dira atxiloketarengatik. Medikuetako asko kexatu egiten dira. Gutxi batzuek txalo egiten dute. Iskanbilaren artean, kazetariaren ahotsa nabar-mentzen da.

—Ezin duzue hori egin! Gizonak *Habeas Corpus*erako eskubidea du.

—Andereño, pribilegio hori hemengoentzako edo zigor-arloko prozesu batean dagoen edonorentzako da —erantzu-ten du poliziak, egoerarengatik gogaituta—. Gizon hau ez da ez bata ez bestea. Ez da inor.

Ahmedek, bare, oraindik kirurgialari pijama odoleztatua duela soinean, eskuak altxatzen ditu, hiltzaile bat izango ba-litz bezala. Poliziak jaitsi egiten dizkio, lotsatuta.

—Tira, ez da beharrezkoa.

—Minutu bat eman diezadakezu? —erantzuten du Ahmedek. Arantxaren alaba ikusi du jendetzaren artean.

—Minutu bat —uzten dio polizia-agenteak.

Ahmed Joanerengana hurbiltzen da, bere amaren zortearen berri izatera itxaroten dagoena.

—Joane, operazioa ondo joan da, baina azaldu nizun bezala, operazio mota hauetan hurrengo 48 orduak erabakigarriak dira. Ez dizut iruzur egingo ezta itxaropen faltsurik emango: ez dira gutxi kasuak non operazioostea, bereziki zure amarena bezalako muturreko egoeretan, konplikatu egiten den eta zoritxarreko bukaera bat duen. Baina pentsatu gutxienez gizalegez egin zitekeen guztia egin dugula eta aukera bat erosi diogula. Alak erabakiko du horrekin nahikoa den; berak erabakitzen duena ondo egongo da.

Ez diote ZIUan sartzen uzten. Kristalaren aurrean gelditzen da. Silueta geldia begiratzen du, hain emeki parkeko banku arruntean harrera eman zion horrena. Esku-azpia jartzen du beiraren kontra. Beste aldetik, ez du inork erantzuten. Bere hatz-markak kristalean finkatuta geratzen dira. Odol gorria, izerdi epela.

—*Allah aleikum* —xuxurlatzen du, eta joan egiten da, polizia-agenteek eskoltatuta eta isiltasun osoan dauden mediku korridore baten erditik.

16 ordu geroago, bere herrialdean hartzen du lur beldur eta itxaropen nahaste batekin. Ruthek bigarren artikulu bat idatzi du: "Ahmed, bizitza bat salbatzeko desobeditu zuen medikua". Sara, Luis eta bere taldea aldi baterako zigortu dituzte, baina haien aurpegi nekatuek determinazio otzan bat erakusten dute. Joane, malko artean, bere amaren ondoan geratzen da, emaitza itxaroten.

Alepon, banantze hilabete askoren ondoren lehen aldiz

bere emaztea besarkatu eta gero, Ahmed ospitaleko deiaren begira dago. Bere lehengo pisura itzuli da, orain partzialki suntsitua. Hormek argazki zaharrak mantentzen dituzte: bere ezkontza, bere seme-alaba txikiak, gerra gabeko ramadan bat. Emaztearen ondoan jesarrita, isilean erbestealdiko zauriak partekatzen dagoela, telefonoak jotzen du. Ahmedek arretaz entzuten ditu Bilbotik datozen hitzak. Bere aurpegia ulertezina da. Askotan jaso izan du dei mota hori. Polikipoliki eskegitzen du. Emazteak begiratu egiten du, grinatsu, begiekin galdetzen zein izan den emakume ezezagun baina hain maitatu horren zoria, zeinaren erreskatean hainbeste arriskatu duenarena.

Ahmed emeki hurbiltzen zaio bere emazteari. Eskuak hartzen dizkio eta lasaitasun sakon batekin, gozoki ematen dio musu.

—*Allahu akbar*. Ala nagusiena da. ❏

www.bizkaia.eus/argitalpenak